少しの工夫でこんなに改善！

今すぐできる学校の防災管理

編著　廣内大助・佐々木克敬

とうほう
東京法令出版

はしがき

　2011年３月11日の14時46分頃に発生した東日本大震災から、2024年３月で13年が経過しました。この震災は、学校に児童生徒がいる時間に発生した地震であり、学校が児童生徒への避難を指示し、安全確保を行う必要性が生じたことで、まさに日頃からの学校の体制や準備が試された地震でありました。

　岩手県釜石市立釜石東中学校や鵜住居小学校など多くの学校では、平時からの弛まぬ努力と適切な判断によって多くの児童生徒の命が守られたことは周知の事実です。

　一方で、石巻市立大川小学校では、74名の児童と10名の教職員が尊い命を落とすなど、極めて深刻な被害が発生しました。

　大川小学校の一連の裁判では、2018年４月の仙台高裁判決において、当時の教職員の判断にとどまらず、学校は事前に避難場所や経路を定めておくべきといった事前防災対策の不備に言及した判決が下されました。その後、2019年10月に最高裁は上告を棄却し、仙台高裁判決が確定したことで、これまで発災時の退避訓練や安全対策にとどまっていた学校の防災対策について、事前防災対策を充実させるべく抜本的に見直すことが急務となりました。

　具体的には、学校が災害にどう備えるのかについて、①学校や学区域における被災可能性を把握すること、②災害時の時系列的な経過に応じた対策をとること、さらに、③これらに資する事前の対策と訓練、また、④児童生徒や教職員が想定外を考え、自ら考え行動できる社会対応力の育成が必要となります。

　そこで本書では、各学校で防災・減災に対応できる視点を具体的に示すこととしました。多くの事柄を一度にやろうとせずとも、各教職員が気付いた時間、場所で実行し、校内で共有することで組織としての防災力向上につなげることができます。また、教職員が地域を知ること、地域と協力すること、保護者と情報を共有することが大切であることも示唆しました。さらには、特別支援学校の視点も加え、今後、更に進むインクルーシブ教育への対応のヒントにもなっています。学習も運動も児童生徒と教職員の安全・安心があってこそ成立するものです。未来を創る児童生徒を育てるための基盤として、防災・減災を後回しにすることなく推進していきましょう。

　本書をまとめるにあたって、資料の提供などご協力いただいた学校及び関係諸機関の皆様に感謝申し上げます。

2024年９月　廣内　大助

佐々木　克敬

CONTENTS

序　章　学校の防災管理とは─見通しを持った防災対策の必要性　　廣内大助　2
- 1　事前の防災対策とは─防災管理と防災教育 …………………………………… 2
- 2　学校で備えるべき災害 …………………………………………………………… 3
- 3　学校や学区域の被災の可能性を知る ………………………………[佐々木克敬]　7
  - ●特別支援学校での対策 ………………………………………………[白神晃子]　8

第1編　地震に備える防災管理

第1章　事前の危機管理

第1節　災害リスクの把握 ……………………………………………… 内山琴絵　12
- 1　校内における地震被害の実態 …………………………………………………… 12
  - ①東日本大震災における学校の被災状況（地震被害）………………………… 12
- 2　校内のリスクの洗い出し ……………………………………………[廣内大助]　15
  - ●特別支援学校での対策 ………………………………………………[白神晃子]　17

第2節　体制整備と備蓄 ………………………………………………… 廣内大助　18
- 1　避難行動マニュアルの作成と見直し …………………………………………… 18
  - ①時系列に沿った避難行動計画の策定 ………………………………………… 18
  - ②実効性のあるマニュアル作成、見直しのポイント ………………………… 18
  - ●特別支援学校での対策 ………………………………………………[白神晃子]　22
  - 【コラム】児童生徒の人数を常に把握するための仕組みづくり ……………… 23
- 2　備蓄の考え方 ……………………………………………………………………… 24
  - ①無理なく取り組める備蓄 ……………………………………………………… 24
  - ②一般的な備蓄のモデル例 ……………………………………………………… 24
  - 【コラム】防災ポーチをつくろう！……………………………………[白神晃子]　26
  - ●特別支援学校での対策 ………………………………………………[白神晃子]　27

第3節　点検と対策 ……………………………………………………… 廣内大助　30
- 1　普通教室での対策 ………………………………………………………………… 30
  - ①安全な教室づくりに必要な対策は？ ………………………………………… 30
  - ②身を守る行動を習慣化する …………………………………………………… 32
- 2　廊下での対策 ……………………………………………………………………… 33
  - ①避難動線の確保を踏まえた安全対策 ………………………………………… 33
  - ②安全な行動を促す工夫 ………………………………………………………… 33
- 3　特別教室での対策 ………………………………………………………………… 35
  - ①授業内容に応じた対策 ………………………………………………………… 35
  - ②児童生徒がとるべき行動を提示する ………………………………………… 36
  - ●特別支援学校での対策 ………………………………………………[白神晃子]　38

第4節　"その時"に備える訓練の工夫 ………………………………… 廣内大助　41
- 1　訓練の実施と振り返り …………………………………………………………… 41

　　　　①活動状況に応じた訓練……………………………………………… 41
　　　　②訓練を踏まえた対策………………………………………………… 42
　　② 訓練の工夫と継続性の確保…………………………………………… 42
　　　　①訓練の工夫…………………………………………………………… 42
　　　　②継続性の確保………………………………………………………… 43
　　　　●特別支援学校での対策……………………………………[白神晃子] 45
　第5節　教職員研修……………………………………………………佐々木克敬 47
　　① 研修はなぜ必要か………………………………………………………… 47
　　　　①研修のねらい………………………………………………………… 47
　　　　【コラム】「大川小学校事故検証報告書」（平成26年2月）より…… 49
　　② どのような機会に研修を行うか………………………………………… 50
　　　　①研修実施のタイミング……………………………………………… 50
　　　　②教科横断的な学び（クロスカリキュラム）としての研修……… 51
　　③ どのような研修を行うか………………………………………………… 51
　　　　①研修計画の立て方…………………………………………………… 51
　　　　②ワークショップを取り入れた研修………………………………… 52

第2章　発生時の危機管理

　第1節　初期対応……………………………………………………… 廣内大助 54
　　① 学校管理下における対応と留意点……………………………………… 54
　　　　①一次退避後の避難と校内確認……………………………………… 54
　　　　【コラム】スクールバス送迎中の対応……………………[白神晃子] 55
　　② 学校管理時間外における対応と留意点………………………………… 56
　　　　●特別支援学校での対策……………………………………[白神晃子] 57
　第2節　二次対応……………………………………………………… 廣内大助 58
　　① 被害情報の収集と避難…………………………………………………… 58
　　② 臨機応変な判断と避難（伝達方法の確認）…………………………… 59
　　　　【コラム】特別支援学校における広域避難の検討………[白神晃子] 60
　　③ 複合災害・二次災害を想定する………………………………[佐々木克敬] 61

第3章　事後の危機管理

　第1節　安否確認……………………………………………………… 廣内大助 62
　　① 学校内での安否確認……………………………………………………… 62
　　② 同報システムなどを活用した安否確認………………………………… 62
　　　　①教職員の安否確認…………………………………………………… 62
　　　　②児童生徒の安否確認………………………………………………… 63
　　　　【コラム】情報伝達手段の確保……………………………[白神晃子] 64
　第2節　対策本部の設置……………………………………………… 廣内大助 65

1	勤務時間内の対応		65
	①対策本部の設置と対応の考え方		65
	②保護者への引き渡し準備と連絡	[白神晃子]	65
2	夜間や休日の対応		66
3	対策本部の活動内容		66

第3節　集団下校・引き渡し　　68

1	集団下校	佐々木克敬	68
	①集団下校のメリットとデメリット		68
	②集団下校の準備と注意点		69
2	引き渡し	廣内大助	70
	①スムーズな引き渡しの方法		70
	②スムーズな引き渡しの工夫		71
	●特別支援学校での対策	[白神晃子]	73
3	帰宅困難児童生徒への対応	廣内大助	77
	①事前準備と対応		77
	●特別支援学校での対策	[白神晃子]	78

第4節　避難所協力　　佐々木克敬　79

1	避難所協力の事前準備		79
	①関係機関・地域住民との連携・協力		79
	②避難所運営マニュアルの作成と見直し		80
	③必要な資材の備蓄・点検、施設の整備と改修		81
	【コラム】災害時のトイレ問題、避難所の課題解決を目指す取組	[廣内大助]	82
	④避難所運営の知識、スキルを高める研修の実施		83
	【コラム】HUG（避難所運営ゲーム）		84
2	避難所開設と運営		85
	①避難所の開設		85
	②避難所の運営		86
	③教職員の勤務で留意すべき点		87
	●特別支援学校での対策	[白神晃子]	88

第5節　学校再開へ向けて　　白神晃子　90

1	学校再開へ向けて準備すること	90
	①学校BCPの策定	90
	②児童生徒と家庭の状況把握	91
	③校内設備の状況把握と環境整備	91
	④地域と通学路の状況把握	92
	⑤事務的対応	92
	⑥教職員のケアとチームづくり	93

　　　　⑦児童生徒と家庭への説明 ·· 94
　　２　再開後の取組 ·· 94
　　　　①安心できる場づくり ·· 94
　　　　②学校活動での心のケア ·· 95
　第６節　子どもの心のケア ·· 茅野理恵　97
　　１　ストレス反応の理解 ·· 97
　　　　①災害時のストレスによって何が起きるのか ·· 97
　　　　②子どもに見られるストレス反応 ·· 98
　　　　③ストレス反応が強く現れやすい人の特徴 ·· 99
　　２　子どもの心のケアのポイント ·· 100
　　　　①安心安全が感じられる環境づくり ·· 100
　　　　②子ども自身のコントロール感の回復 ··· 101
　　　　③子どもの気持ちの受け止め方 ·· 101
　　　　④こんなときはどうする ·· 102
　　　　⑤大切な人を亡くした子どもへの対応 ··· 104
　　　　⑥リラックス方法を身に付けよう ·· 105
　　　　⑦心身の健康状態の把握 ·· 106
　　　　【コラム】ストレス：ストレッサーとストレス反応、ストレス耐性 ········· [本間喜子] 107
　　　　●特別支援学校での対策 ·· [白神晃子] 108
　第７節　教職員・保護者の心のケア ·· 茅野理恵　110
　　１　継続的な支援を可能とするために ·· 110
　　　　①どのような過ごし方を意識すべきか ··· 110
　　　　②教職員たち自身の心のケア ·· 111
　　　　③保護者の心のケア ··· 112

第２編　地震以外の災害に備える防災管理

第４章　風水害に備える防災管理
　第１節　災害リスクの把握 ·· 114
　　１　学校における水害被害の実態 ··· 内山琴絵　114
　　　　①学校管理外の時間に発生した災害対応例
　　　　　　―令和元年東日本台風における長野市立小中学校の被災状況 ···························· 114
　　２　校内のリスクの洗い出し ·· 佐々木克敬　118
　　　　①安全点検 ·· 118
　　　　②雨水排水路の確認 ·· 119
　　　　③校舎及び体育館などの建屋の確認 ··· 119
　　　　④校庭や遊具、外周の確認 ··· 121
　　　　⑤事前に確認する事項 ··· 123

【コラム】防災倉庫、防災備品の確認　124
　第2節　風水害からの避難　佐々木克敬　125
　　1　避難の考え方と情報の管理　125
　　　①静的情報の整理　125
　　　【コラム】重ねるハザードマップ　126
　　　②動的情報の整理　127
　　2　避難行動の判断　127
　　　①学校への登校判断・下校判断　127
　　　②二次避難　128
　　　●特別支援学校での対策　[白神晃子]　129
　第3節　学校タイムラインをつくる　佐々木克敬　131
　　1　危機管理マニュアルとタイムライン　131
　　　①危機管理マニュアルとは　131
　　　②タイムラインとは　132
　　　【コラム】マイ・タイムラインの作成　132
　　2　学校タイムライン　134
　　　①学校タイムラインの作成　134
　　　②タイムラインの作成をどのように生かすか　137

第5章　津波に備える防災管理
　第1節　災害リスクの把握　138
　　1　学校における津波被害の実態　内山琴絵　138
　　　①東日本大震災における津波被害と学校の対応　138
　　　②校外活動における津波被害—1983年　日本海中部地震による津波　140
　　2　校内のリスクの洗い出し　佐々木克敬　140
　　　①学校の立地条件を確かめる　140
　　　②津波到達時間をシミュレーションする　141
　　　③避難時の備えや備蓄場所を点検する　142
　　　④保護者との取り決め　142
　　　【コラム】避難先に備蓄する工夫例　143
　第2節　二次避難・三次避難　佐々木克敬　144
　　1　二次避難・三次避難の検討　144
　　　●特別支援学校での対策　[白神晃子]　145

第6章　火山災害に備える防災管理
　第1節　災害リスクの把握　竹下欣宏　146
　　1　日本における活火山の立地と災害の実態　146
　　　①日本は火山列島　146

【コラム】活火山の定義の中に含まれる「概ね」の大切さ……………………… 147
　　　②日本における主な火山災害……………………………………………………… 148
　②　学校の被災事例及び注意すべき被害とその対策……………………………………… 150
　　　①学校が被災した噴火……………………………………………………………… 150
　　　②火山灰による被害………………………………………………………………… 151
　　　③空振による被害…………………………………………………………………… 152
　第2節　噴火に備える…………………………………………………………… 竹下欣宏　153
　①　リスクの確認とマニュアルの検討・見直し…………………………………………… 153
　　　①万が一の噴火に備える―活火山のハザードマップを調べる………………… 153
　　　②活火山の状況を調べる…………………………………………………………… 153
　　　③学校で作成したマニュアルや備蓄を生かすために…………………………… 155
　②　火山付近の学校の取組…………………………………………………………………… 157
　　　①桜島における学校の防災管理の取組…………………………………………… 157
　　　②御嶽山への学校登山における取組……………………………………………… 158

第3編　防災教育と地域連携

第7章　防災教育と学校・地域間の連携

　第1節　防災教育の実践…………………………………………………………… 内山琴絵　162
　①　ICTを活用した通学路の防災マップづくり…………………………………………… 162
　　　①災害時にも自ら考え行動できる能力を育成するために……………………… 162
　　　②登下校時の被災にどう対応するか
　　　　　―防災教育を通じた対策：ICTを活用した「子どもがつくる防災マップ」………… 163
　　　③「フィールドオン」の活用―アプリの仕組みと授業の進め方…………………… 164
　　　【コラム】防災教育実践例：長野市立清野小学校5年生の事例………………… 165
　②　災害文化を生かす防災教育の実践例…………………………………………………… 166
　　　①学校・家庭・地域をつなぐ防災教育を活用する……………………………… 166
　　　②災害文化とは……………………………………………………………………… 166
　　　【コラム】防災教育実践例：長野県松川村立松川中学校の事例………………… 167
　第2節　地域との連携……………………………………………………………… 内山琴絵　169
　①　地域防災における学校の役割…………………………………………………………… 169
　②　学校と地域との連携……………………………………………………………………… 169
　　　①令和元年東日本台風における長野市の事例から……………………………… 169
　　　②熊本地震における益城町の小学校の事例から………………………………… 171
　　　●特別支援学校での対策……………………………………………… [白神晃子]　172

序章 学校の防災管理とは
——見通しを持った防災対策の必要性

　これまで学校では、防災対策をとってこなかったわけではなく、むしろ対策に多くの時間や労力を費やしてきました。毎年の避難訓練の実施、マニュアルの作成・見直しから登下校の安全対策、災害や防災に関わる授業での取扱いなど多種多様な取組が行われています。

　しかしながら、実際に取り組んでいる防災対策や防災教育は総じて場当たり的であることが多く、「何をどこまでやるのか」といった目標を定めた取組はほとんど見られません。また、どんな内容も防災と関連していれば取り組んだことになり、実質的にはその時々でのアラカルト的な内容でも、やった気持ちになってしまう、さらに担当者が数年度にわたって積み上げた取組も、引継ぎが不十分なことが多く、担当者や管理職が変わるとまたゼロに戻ってしまうこともあります。

　このように、学校が現状行っている対策や訓練はある意味、形骸化しており、また、系統的でないことが多く、不測の事態である災害に対応するには十分とはいえません。

　これらを解決し、効果的な対策を行うためには、学校の防災対策や防災教育についても、全体として何をすべきかという目標と計画をしっかり示すこと、災害発生の経過に沿った時系列で対策や訓練を考えること、年度ごとにやったこと、すべきことの引継ぎを確実に行い、成果を積み上げていくことが重要です。

1 事前の防災対策とは——防災管理と防災教育

　学校において求められる防災対策には、「防災管理」と「防災教育」があります。両者はどちらかを選ぶものではなく、双方の対策をとらねば車の両輪のように機能しません。

　このうち防災管理は、学校が組織として取り組む対策や訓練であり、これまでも多くの学校で様々な取組がなされています。これらは家具の転倒防止対策や避難訓練などを指すものです。しかしながら、避難訓練一つをとっても形骸化したものが多く、実際の災害に役立つのかを考えると、不十分な内容もあり見直しが必要です。

　例えば、典型的な避難訓練では、机の下に潜った後、校庭に整列・点呼、係活動を行います。とっさの退避行動と安全確認までは機能する一方、実際の災害は整列で終わらず「その後」があるのです。整列後、何をどうすべきか決まっていない場合、その後には対応できません。

　実際の災害に備えるためには、発災から時系列的に事態を考え、次に何が起こるのかを想定しながら、その後に取り得る保護者への引き渡し、帰宅困難児童対策、避難所の開設

などの準備と訓練が必要です。また、そのプロセスにおいて、起こり得る様々な危険や、とるべき対応について、どうすれば危険を回避できるのか、何を準備しておけばスムーズに対応できるのかを事前に検討し、対策をとることで、リスクを回避し必要な準備を確実にこなしておくことができます。

本書では、文部科学省や各地の教育委員会等が作成している防災管理の手引き等を参考に、必要な流れの一部を時系列に沿って説明していきます。

なお、長野県では、筆者も協力してこれらの対策を簡単に示した「学校の防災管理の手引き」（図表1参照）を作成し、各市町村教育委員会を通じて長野県内の全教員に配布しています。

防災管理によるルールやマニュアルづくりなどが重要である一方、マニュアルでは想定していない事態や在校時間以外に災害が起こることも十分考えられます。その時児童生徒や教職員が自ら考え、危険を回避し、命を守るための適切な行動をとれるかどうかが重要です。

2018年に発生した大阪府北部地震は、教職員の目が届かない登校時間帯にあたる朝7時58分に発生し、ブロック塀の倒壊によって、登校中の児童の尊い命が失われました。危険なブロック塀の撤去は重要ですが、児童生徒が教職員による指示がなくても、その時すべきことを自ら考え、最善の行動がとれる社会対応力を醸成するための防災教育が必要です。

防災教育も防災管理同様に、網羅すべき内容は何か、災害の時系列に沿って考え、必要な教育内容を年間計画のどこに配置すべきか考えることが重要ですが、こちらもやはりアラカルト的に実施されることが多く見受けられます。本書は主にすぐできる防災管理の内容を中心に解説するため、防災教育に多くの誌面を割くことはできず、別の機会に譲ることになりますが、筆者らが重点的に取り組んでいる登下校中の対策として有効な防災マップづくりについてのみ第7章で取り扱います。

図表1　学校の防災管理の手引き（長野県教育委員会）

長野県教育委員会のHPからダウンロード可能。（https://www.pref.nagano.lg.jp/kyoiku/hokenko/hoken/gakkoanzen/bosaikanri.html）

2 学校で備えるべき災害

日本列島は中緯度の湿潤な気候帯に位置し、各地の年降水量は、東京で約1,500mm、四国から九州の太平洋沿岸では2,000mmを超えます。一方、雨が少ない瀬戸内地方の高

松市でも約1,000mm、内陸の長野市で約900mmの年降水量があるなど、日本列島は季節風の影響を強く受けた湿潤な気候です。このことは、豊富な水資源と農業に適した豊かな堆積平野を有する一方、河川は氾濫を頻繁に引き起こし、水害が多発する原因でもあります。また、日本列島は太平洋プレートやフィリピン海プレートなどの海洋プレートが、ユーラシア大陸プレートに沈み込む変動帯に位置し、活発な地殻変動が見られる地域です。それゆえにプレートの沈み込みによる火山帯の形成や海溝型地震の発生、活断層による直下型地震の発生など、世界有数の地震火山大国でもあります。そして、地震による地殻変動や海底地すべりは津波を発生させます。さらに、これら活発な地殻変動は山地を隆起させ、狭小な国土において海面との比高を大きくするとともに、新しくもろい堆積物を高所へ持ち上げていきます。そのため、地すべりや山崩れといった斜面災害が頻繁に発生しています。また、河川は急流となり、豊富な降水量と相まって河況係数の大きな河川を成立させることが、洪水頻発の一要因となっています。このような豊富な降水量や活発な地殻変動は、日本に豊かな暮らしを提供してくれる一方で、火山や地震、津波、洪水、地すべり、山崩れなど様々な災害を引き起こす原因となっています。

地震災害

地震災害は、強震動や断層変位など地震発生による直接的な建物の破壊などに加えて、津波や液状化、斜面災害などの随伴現象を伴い、その被害は広範に及びます。

日本は地震大国といわれ、ほぼ毎日どこかで地震が発生しています。人的被害を伴った地震は、東日本大震災が発生した2011年以降、2023年末までの期間だけでも81回を数えます（図表2参照）。

図表2　被害地震の発生状況（2011～2023年）

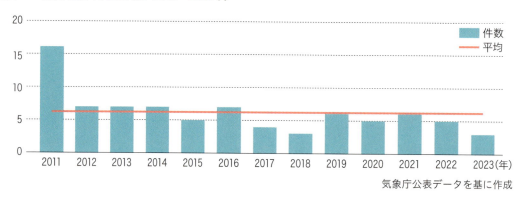

気象庁公表データを基に作成

2011年の東日本大震災を除いて、学校現場にとって大きな問題となったのは、2018年6月18日に発生した大阪府北部地震（M6.1）です。地震は朝の7時58分に発生し、最大震度は大阪市北区や高槻市などで6弱を記録しました。同時刻は多くの児童生徒が教職員や保護者の目が届かない登校中に発生し、子どもたちだけでの退避行動を迫られました。高槻市立寿栄小学校では学校のブロック塀が倒壊し、同校に通学する9歳の児童が巻き込ま

れて命を落とす痛ましい結果となりました（写真１）。

写真１　倒壊した寿栄小学校のブロック塀

提供：国土交通省近畿地方整備局

　緊急地震速報など、一定の条件下の地震を、揺れの到達直前に通知するシステムが整備されつつありますが、地震は気象予報のように事前に予測して備えることは難しい災害です。また、地震規模によっては学校のみならず、地域社会全体に甚大な被害を引き起こすことから、命を守る行動にとどまらず、揺れがおさまった後の避難、保護者への引き渡し、帰宅困難者対応などまでどのように行うのか、事前にしっかり計画し、訓練を重ねておく必要があります。

気象災害

　台風や低気圧、前線活動などによって発生する気象災害では、大雨による洪水、強風による風害、土石流や斜面災害を引き起こします。2019年の台風19号災害（令和元年東日本台風）では、長野県の千曲川や福島県の阿武隈川が決壊氾濫し、広範に浸水被害を引き起こしています。この災害では、千曲川決壊地点から約１kmにあった長野市立長沼小学校で１階の全てが水没する被害が発生しました（第４章第１節写真４-１参照）。気象災害については、台風の接近など、気象予報などから事前に警戒準備し、休校や二次避難などの対策を講じることができる場合が多いといえます。しかしながら、近年はゲリラ豪雨など極めて短時間のうちに気象状況が変化することも多く、2017年７月に発生した九州北部豪雨では、朝倉市の松末小学校（2018年３月閉校）で校舎１階部分を含む周囲一帯が浸水し、児童と避難者が完全に孤立し、停電した校舎で一昼夜を過ごしました（写真２参照）。朝

写真２　被災直後の松末小学校の様子

出典：国土地理院ウェブサイト

提供：公益財団法人市民防災研究所

の登校時間帯にはほとんど降っていなかった雨が、12時台には激しさを増し、大雨洪水警報が発令された13時台には、時間雨量は50mmを大きく超えるに至り、その後16時台まで時間雨量50mm前後の雨が続き16時台には時間雨量が106mmに達しました。大雨特別警報の発令は17時51分でした（図表3参照）。

図表3　朝倉市の時間雨量と市の対応（2017年7月5日）

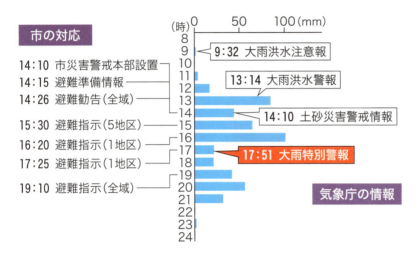

　このように気象災害はその発生頻度が高い一方で台風や低気圧など観測体制の整備によって事前に予測可能な災害ですが、線状降水帯やゲリラ豪雨など、詳細な予測はいまだ難しい部分も少なくありません。現状では降水量や予測地域が異なるなどして、予想に反して災害が発生することもあり、ゲリラ豪雨などでは行政による避難情報が十分な時間的猶予をもって発出されるとは限りません。タイムラインの策定による授業打ち切りのタイミングや二次避難など、事前準備をしっかり行い、対策を立てておく必要があります。

火山災害

　火山噴火は、溶岩流や火砕流、噴石、ガス、降灰など噴火に伴って直接的に発生する災害に加えて、泥流や斜面崩壊など二次的な災害を引き起こします。日本には111の活火山が存在し、近年では、2014年に岐阜県長野県境の御嶽山が噴火し、甚大な被害を引き起こしました。また、1991年の雲仙普賢岳（長崎県）の噴火では、火砕流や火山泥流、降灰などが発生して島原半島東側の市町に甚大な人的、物的被害を引き起こしました。旧深江町（現南島原市）の大野木場小学校では、児童や住民はすでに避難しており無事だったものの、9月15日に発生した大火砕流に飲まれて校舎が全焼し、現在もその姿をとどめています（第6章第1節写真6-2参照）。火山災害が学校を直接破壊し被害を及ぼした事例は少ないですが、火山災害と学校が決して無関係ではないことを後世に伝えています。

　一方、これら火山噴火は、ある程度の直前の予測が可能である火山も多く、観測や経験から事前や直前の対策を立てることができることもあるという特徴があります。

3 学校や学区域の被災の可能性を知る

　様々な災害の発生やそのリスクについて理解していても、実際に自身の居住地や職場、学校がどのような被災リスクがあるのかについては、なかなか正確に把握していないことが多いかもしれません。

　学校や学区の被災の可能性を知るためには、多角的な視点から情報を収集し、分析することが大切です。それらの情報に基づいて具体的な防災対策を講じましょう。以下に具体的に情報を得る方法をいくつか紹介します。

○ハザードマップの確認

　　ハザードマップポータルサイト（https://disaportal.gsi.go.jp/）又は所在市町村のホームページから入手できます。ハザードマップは一定のシミュレーションによる一つの被災シナリオであり、実際の災害状況と異なる場合があります。

　〔確認事項〕
　　・学校や学区がどのようなハザード（災害）に該当するか
　　・考えられる災害の種類（地震、津波、土砂災害など）
　　・各災害の想定される被害範囲や規模

○地質・地形図の確認

　　国土地理院の地図・空中写真閲覧サービス、産業技術総合研究所の地質図Naviなどから入手できます。

　〔確認事項〕
　　・学校や学区周辺の地質構造
　　・斜面や河川の状況
　　・地盤の強度

○過去の災害記録の調査

　　市町村の防災担当課や図書館で過去の災害記録を閲覧できます。

　〔確認事項〕
　　・過去に学校や学区周辺でどのような災害が発生したか
　　・被害状況はどれくらいだったか
　　・過去の災害から学ぶべき教訓として何が記録されているか

　より詳しい情報を得るために、自治体の防災担当課に問い合わせを行うことや専門家（防災、地質等）に相談することをおすすめします。また、地域の住民や消防団、NPOなどの防災組織と情報交換することも有効です。

特別支援学校での対策

「うちの学校は通学範囲が広いし、スクールバスや寄宿舎の対策もしなければならない。児童生徒は増える一方で、教室も足りないし、医療的ケアが必要な子も増えている。学校への要請は年々増えて、災害以前に平常の学校運営で手一杯。やらなきゃならないとは思っているけど……それより災害の話をしたら、子どもたちが不安定になるんじゃない？」

特別支援学校で災害対策を始める時、このような先生方の不安と困惑の声を聞くことがよくあります。取り組むべき事項が多く、どこから手を付けてよいかわからないまま先送りになっていたという学校は少なくありません。一方で、近年多発する災害と法改正をきっかけに、改めてリスクを認識した学校もあるでしょう。

災害時には、支援が必要であるほど、リスクが高いほど、事前の準備が明暗を分けます。まずは簡単なこと、やりやすいことから対策を始め、一歩ずつ着実に、継続して進めていくことが大切です。

特別支援学校においても、基本的な対策の方針は一般的な小中学校で行われる対策と同じです。特別支援学校特有の事情に合わせて、対策の追加やアレンジをしていけばよいのです。災害対策に影響する特別支援学校の特徴として、子どもたちに多様な障害があるということだけでなく、学校ごとの個別性が高いことが挙げられます。特に、防災管理を考えるうえで大きな要素となる校舎の造りが複雑な場合が多くなっています。そのため、特別支援学校での災害対策には、想像力と創造力、そして柔軟さと行動力が求められます。そもそも災害対策には"ただ一つの正解"や"ゴール"はありません。正解に近づく方法は、常に最善の選択を積み重ねていくことであり、そのために日頃の訓練と準備があるのです。

学校内のチームワーク、自治体や医療福祉関係者との連携も重要です。対策する項目が多いからこそ、学校内で災害時の共通目標（ミッション）を明確にし、さらに状況に応じた行動の小目標を確認し合うことで、チームが効果的に機能する必要があります。こうした目標は家庭や地域とも共有しておくと、訓練や災害準備への協力が得やすくなります。災害対策を扱うと、地域や家庭と学校の共通課題や一緒にできる活動が見つかりやすいため、連携のきっかけとしてもおすすめです。

特別支援の知識・技術・視点を活用することは、特別支援学校以外のフィールドでも、防災をもう一歩進めるために役立ちます。例えば、災害時のわかりやすい情報提示、視覚支援、率先避難、障害のある人が生活しやすい避難所環境などは、全ての人に応用できるものです。障害のある人と進める災害対策には、社会全体の災害対策を進めるための重要なヒントが隠されています。誰ひとり取り残さない避難の方法、生活しやすい避難所環境、災害時にマイノリティが排除されない寛容なコミュニティなど、社会が直面している課題

を考えるために、これから主役になるのは障害のある子どもたちなのです。

　防災教育は、障害のある子どもたちが普段から地域で生活していくために必要な力を育てることにもつながります。防災教育は、管理防災と防災教育を有機的に結び付け、さらに特別支援学校の学習活動（自立活動、作業学習、キャリア教育、ICT利活用、学校行事など）にも関連付けることで、効率的かつ効果的に進めることができます。子どもたちの気付きや自由な発想も取り入れながら、ぜひ子どもたちと一緒に対策を進めてください。

　本書の「特別支援学校での対策」は、主に長野県内の養護学校と一緒に取り組んできた実践を基にしています。その多くは、水害、土砂災害、火山などリスクの高い場所に立地していますが、先生方の地道な努力と柔軟さで対策が進んできました。

　以下の各編では、一般的に学校で必要になる対策に加えて、特に特別支援学校で検討したい事項を「特別支援学校での対策」として記載しました。基本的な対策は一般的な学校の対策と同じですから、各該当節の前半の対策と併せてお読みください。障害種別の対応については一部を除き、あえて触れていません。これは、障害の特性については現場の先生方がよくご存じであり、障害種別ごとの画一的な対応よりも、在籍している子どもの障害の状態や学校のおかれた条件に対応したアレンジが重要と考えるためです。障害種別の一般的な災害時の困難さについては、各障害者団体などの情報を参照ください。

　特別支援学校の災害対策は、まだ萌芽期にあります。小さな取組でも、実践と成果を校内外でぜひ共有してください。子どもたちの命と未来を守り育てるために、一緒に取組を進めていきましょう。

第1編

地震に備える
防災管理

第1章 事前の危機管理

第1節 災害リスクの把握

> **POINT**
> - 過去の災害の課題を踏まえた対策を考える
> - 教室の再点検！落ちる、転がる、倒れるを探す！
> - 大地震が起こったらどうなるか考えてみる
> - 抑える、つなぐ、囲う、離すを実践
> - 普段の使用に障害とならない程度を考えるのがコツ

1 校内における地震被害の実態

① 東日本大震災における学校の被災状況（地震被害）

　文部科学省（2012）の調査から、東日本大震災における岩手・宮城・福島3県の学校施設被害が報告されています。これによると、地震の揺れが原因となって建物の被害が発生した学校は約8割にのぼり、約7割の学校で教室内の備品などに被害が発生しました（図表1-1参照）。多くの学校で建物・物的被害があった中で、地震発生時に児童生徒等が在校していた学校は約8割にものぼりました（図表1-2参照）。

　一方で、地震の揺れによる直接的な被害によって児童生徒等及び教職員が死亡・行方不明となった学校はありませんでした（図表1-3参照）。この要因の一つとして、学校施設の耐震化が進んでいたことに加え、地震発生時刻である14時46分は終業時刻に近く、児童生徒等が普通教室で担任の管理下にある学校が多かったことが挙げられます。つまり、普段の避難訓練で対応できる状況にあった学校が多かったと考えられます。

　ただし、児童生徒等が負傷した学校は10校あり、その被害は主に「校内の備品の倒壊による骨折、落下物による負傷など」でした。具体的な被害状況については、小学校では「机の下に避難していたとき、近くのオルガンが倒れて腕を骨折した」という事例が、中学校では「体育館で活動中に揺れのため頭を壁に強打した」という事例が、高校では「部活動中に、天井からの落下物で肩を骨折した」という事例が報告されています。

第1節 災害リスクの把握

第1編 地震に備える防災管理

図表1-1
地震による物的被害

文部科学省2012『東日本大震災における学校等の対応等に関する調査報告書』p.10を基に作成

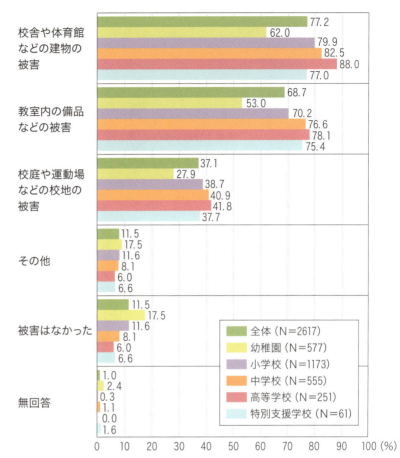

図表1-2　地震発生時の在校状況

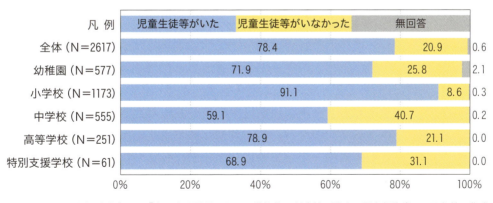

文部科学省2012『東日本大震災における学校等の対応等に関する調査報告書』p.11を基に作成

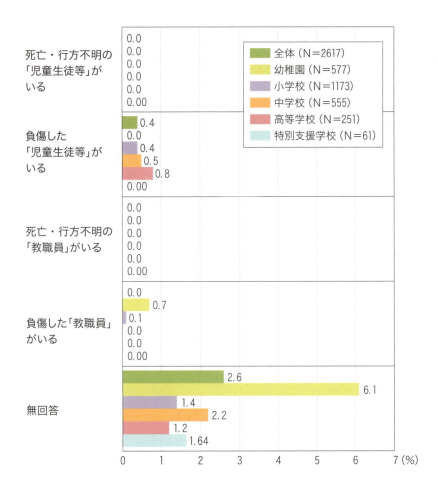

図表1-3
地震による人的被害

文部科学省2012『東日本大震災における学校等の対応等に関する調査報告書』p.7を基に作成

　また、写真1-1（上）は、2014年に長野県で発生した神城断層地震による学校の被災状況です。普通教室や図書室、職員室等でのテレビや書類棚の落下、本棚の倒壊をはじめ、学校施設の被害が多数報告されました。しかし、この地震は休日の夜間に発生したため、在校中の児童生徒や教職員はおらず、校内の人的被害はありませんでした。

　地震の揺れによって校内の備品が倒壊、落下することで負傷する可能性は、従来から指摘されてきました。したがって、こうしたケガについては、学校における事前の対策によって防ぐことができるはずです。校内における地震被害の発生を防ぐために、まずは、事前に校内でどのようなリスクがあるのか知る必要があります。もし、地震が平日の日中、特別教室での活動中、休み時間中、児童生徒の登下校中に発生したなら、学校はどのように対応すればよいでしょうか。次項では、校内の地震災害リスクを洗い出し、具体的にどのような準備をすればよいのかについて、詳しく解説していきます。

写真1-1　地震による学校の被災状況写真
○神城断層地震（2014年）

普通教室で落下したテレビや書類（白馬中学校）

職員室で落下した書類棚（白馬北小学校）

出典：2014年神城断層地震震災アーカイブ
（https://kamishiro.shinshu-bousai.jp/）

○熊本地震（2016年）

体育館の床に突き刺さった屋根構造材（熊本高校）

出典：熊本災害デジタルアーカイブ／提供者：熊本県

2　校内のリスクの洗い出し

　近年、地震による校内での人的被害は意外に多くありません。これは、大きな被害をもたらした地震の多くが夜間や休日に発生しているため、学校で児童生徒や教職員が直接被災した事例が少なかったことが大きく関係しています。その一方で、2016年熊本地震をはじめ、様々な災害によって発生した学校内の施設や設備被害の様子は極めて深刻です（写真1-1）。したがって、これまでの学校の防災対策が十分であった結果といえるわけでは到底ないのです。

　地震災害は授業中に限らず、いつ起こるかわかりません。校内のどこであれ、また、どのような状況であっても、できる限り人的被害を出さないことが至上命題です。効率的か

つ確実に対策を進めるためには、まず、各場所の担当を割り振ること、利用頻度の高い教職員自らが担当することで、安全に使いやすい環境をつくることができると考えられます。

　これを達成するためには、まずは身近な教室内の点検から始めることが重要です。教室内を全て見回し、もし地震が発生した場合、何が起こるだろうか、転倒、移動、飛散、倒壊のおそれがあるものは何かを確認し、それらにどう対策すればよいかを考え、場合によってはリスト化して一つずつ確実に対策を施していきます。棚の上のCDプレーヤー、窓際の水槽、増設した棚、キャスター付きの液晶ディスプレイ、給食台など、教室には地震時に凶器となり得る様々なものがあります。こうした危険性について各担任が、自身のクラスをしっかり確認することから始めます。

　また、特別教室については専科の先生、図書館は司書の先生に確認してもらうなど、その他廊下等も含め、児童生徒が立ち入る校内全ての箇所について確認し、対策する必要があります。その際、誰がどこを確認するのか、担当をはっきりさせ対応することが重要です。また、どんな問題があるのかについて、他の教室などとも情報共有してください。

　対策をとる際に大切なことは、いきなり完璧を目指さず、また、無理に全てを一度にやろうとしないことです。一つひとつ着実に対策を積み上げることで、それだけ安全性が高まっていきます。また、普段の活動に支障となる対策はあまり意味がありません。多少の手間が加わる程度で、いざというときの安全が確保される対策を講じることが重要であり、そうでなければ、対策をとっても実効性に乏しくなります。各教室でとるべき対策は、第1章第3節を参考にしてください。

特別支援学校での対策

避難方法や避難先を検討する際は、子どもの障害の状況と、避難に使える人的・物的資源を確認し、決定していく必要があります。

> **POINT**
> 次の項目を確認しておきましょう
> ・避難に1対1での対応が必要と思われる子どもの人数
> ・医療的ケアが必要な子どもと電源が必要な機器
> ・利用している個別性の高い薬やケア用品
> ・通学範囲のリスク
> ・寄宿舎、スクールバス、自力通学生の状況

　車いす等移動に支援が必要となる、不安が高まると移動が困難になるなど、1対1の対応が必要な子どもを確認します。子ども1人に対して2名の支援が必要なケースもあります。例えば、車いすで医療的ケアが必要な場合は、車いすを押す人員のほかに、ケアのための道具を運ぶ人員が必要になります。リスク要因として洗い出し、障害の状態と配置できる教職員数を比較して、人的資源の配分を行います。

　医療機器等に電源が必要な場合や、簡単には入手できない薬やケア用品を使用している場合も、確実に対策が行われるよう、リスクとして挙げておきます。

　特別支援学校は通学範囲が広く、通学手段は公共交通機関、スクールバス、事業所による送迎、寄宿舎など様々です。学校で災害が起きていなくても、居住地や通学路で災害が起きている場合は下校を見合わせる必要があります。通学範囲のリスクを把握し、効率的に情報収集できる準備が必要です。スクールバスがある場合は、バスの経路についても運転手や同乗する教職員と一緒にリスクを確認します。ハザードマップを確認するほか、バスの経路上の避難所なども確認します。

第2節　体制整備と備蓄

POINT
- 災害の時系列に沿った対応を
- マニュアルは細部まで実効性を持たせる
- 人数の把握が重要。普段からの出欠、遅刻・早退者の管理に工夫を
- 備蓄は全児童生徒等が原則だが、必要最低数を予測して対応
- 帰宅困難児童生徒数に応じた必要な物資の量を事前に考えておく
- 非常食などは入学時に費用を集めるなどの工夫で準備

1　避難行動マニュアルの作成と見直し

❶ 時系列に沿った避難行動計画の策定

　避難行動計画はこれまでも必ず作成されてきたものであり、また、避難訓練も同様に学校活動の中で必ず実施されるものです。例えば、地震が起こったら机の下に潜り安全姿勢をとる、その後、整列して校庭へ避難し、点呼をとって報告、学校長の講評を聞き、終了という流れでした。これ自体はとっさの対応を周知し、有事の行動を確認する点で重要な訓練であり、避難行動計画もこれに沿って策定されてきました。

　しかしながら、実際の災害を考えた場合、様々な状況が発生し、その一つひとつに対して適切な対応が必要となります。校庭に退避しても災害は終わっていないのです。そう考えると、マニュアルに示す内容は、よりしっかりと詰める必要があります。さらに、刻々と変化する実際の災害の状況と学校内外での様子を想定し、対策を記すなど、実効性のあるものを作成する必要があります。ここでは、災害の時系列に沿った対応を示した避難計画とマニュアルづくりについて解説します。

❷ 実効性のあるマニュアル作成、見直しのポイント

　図表1-4は、ある小学校で実際に運用されているマニュアルを模したものです。実際の

図表1-4 避難行動マニュアルの実例とチェックポイント（その1）

2．大きな揺れがおさまったら
　(1) 教頭
　　・学校長の指示を得て、（学校長不在の場合は状況判断を急ぎ）校内放送で避難を指示
　　（万一、放送が使えない場合は、携帯用拡声器で指示を出す）　──拡声器はどこに？ すぐに取り出せるか？
　　「地震発生・地震発生、余震がくるおそれがあります。紅白帽子、座布団などで頭を守って、あわてず、指示に従って（万一、火災も発生していたらその場所を避ける指示を入れる）（＊＊＊＊＊）へ避難しなさい。」
　(2) 教職員
　　・火を消す、ガスの元栓を閉める。電源を切る。
　　・ドア（窓）を開けて避難路を確保する。
　　・児童に帽子や座布団をかぶらせ頭部を保護する。
　　・校舎の軒下を避けて、避難場所に誘導する。
　　・「おさない・走らない・しゃべらない」
　　　　　　　　　　　　　　　　──校庭の場合、荒天時はどうするか？

3．被害状況の確認
　(1) 学校長
　　・児童、教職員の安否確認　──安否確認の方法、現在の人数把握は正確にできているか？
　　・学年主任、教頭　　　人数・安否確認、報告
　　・救護　　　　　　　　負傷者の確認と応急手当、報告
　　・避難確認　　　　　　出火の確認、報告　　　　　　　　──とっさに操作できるか？

　　┌──┐
　　│ 状況確認、自主防災組織との連携、市教委、防災無線による消防署との連携により情 │
　　│ 報収集　　──相手はどこの誰？ 何をどうするのか？   │
　　└──┘

　〔必要に応じて〕　　　　　　　　──どこでどんな方法で？ 連絡はどのように？
　　・二次行動の指示　　係主任集合　　（救護・防火・搬出・警備）

　　┌──┐
　　│ 児童の帰宅・保護者への引き渡しについて協議・指示   │
　　└──┘

　行動を網羅した計画としては、よくできている部分もある一方で、実際にはその細部を詰め、対策をとらないと実効性を発揮できない部分も少なからずあります。ここでは、そのような内容について具体的に示し、マニュアル作成時のポイントを指摘していきます。
　例えば、2(1)で「校内放送で避難を指示」とありますが、多くの災害では、校内放送は使えないことの方が多いと予想されます。そのため、「万一、放送が使えない場合は、携帯用拡声器で指示を出す」とあり、まさにその状況が実際の災害発生時に近いといえます。

では、拡声器は普段どこにどんな状態であるでしょうか。写真1-2は、ある学校の例で、上の写真では、拡声器は職員室入口付近の片隅に置かれています。この場合、地震発生時には落下するなどして破損や取り出せない状況が容易に想像でき、マニュアルどおりの行動をとることができなくなってしまいます。そこで、これを回避するための策を考える必要があり、写真1-2の下の写真のように、飛び出さない棚に収納し、他の持ち出し品と一緒にするなどの対策をとることで、マニュアルの実効性は大きく向上します。さらに、拡声器を使って広い校内にどのような順番で伝えていくのでしょうか。これらの手順一つをとっても発災時にゼロから決めて実行するのは大変で、事前にある程度決めておく必要があるのです。

写真1-2　拡声器の設置

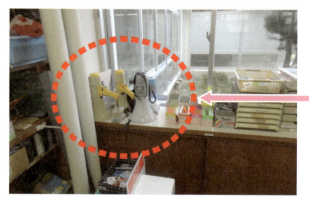

地震発生時には、落下により破損したり、取り出せない可能性も。

飛び出さない棚に、他の持ち出し品と一緒に収納する。

同様に、図表1-4のマニュアル中、2(2)の避難場所への誘導に関して、避難場所は校庭が一般的ですが、大雨や冬季の積雪時はどうするのか、場所を変える際の周知方法はどうするのかなど、詳細を考えると多くの課題が存在します。

図表1-5 避難行動マニュアルの実例とチェックポイント（その2）

4. 児童を安全に自宅へ帰す
   (1) 被害が比較的軽い場合……教師引率による集団下校
   (2) 被害が大きい場合…………保護者が学校へ引き取りに来る
       ※PTA会長・PTA安全委員会＋支部長へ<u>連絡</u>をとる。（別紙連絡網を活用）
       PTAには、安全委員会の際に緊急時の児童の<u>集団下校</u>について周知依頼
       　　　　　　　　　　　　　　　　　　　┌ 電話連絡網は機能するか？
       　　　　　　　　　　　　　　　　　　　　LINE連絡網など作成しておく。
5. 保護者への引き渡し方法　　　　　┌ 守られるか？
   （学校から、非常時の場合の連絡票を家庭配布し、電話置場等に掲示依頼）
   (1) 保護者（支部長、安全委員）は、<u>徒歩</u>で引き取りに来る。
   (2) 地区児童会担任と保護者（支部長、安全委員）双方で児童を確認し、<u>引き渡しカード</u>に双
       方がサインして引き渡しを完了させる。
       　　　　┌ カードはどこにある？　何か書いてある？　誰が引き取りに来て、どう確認する？
6. 保護者（支部長、安全委員）の迎えがない場合
   (1) 保護者（支部長、安全委員）が迎えに来られない、動向がつかめない場合は、連絡がとれ
       るまで、学校にとどめておく。　┌ どこに集め、どうやって？
   (2) 帰宅困難児童は<u>全員1か所に集め</u>、<u>責任を持って保護</u>し、精神的ケアにも努める。なお、帰
       宅困難児童が学校で宿泊できる体制も整える。
       （保護者が帰宅困難で、<u>学校への迎えが遅くなりそうな家庭・留守家庭等の把握</u>）
       　　　　　　　　　　　┌ 何を？　どこに？

　また、普段からなじみがなく、身近でない行動を決める部分になればなるほど、実効性は乏しくなってきます。現在は、一斉送信のメールやLINEなどが一般的に使われますが、連絡網は機能するか、徒歩での引き取りが守られるか、引き渡しカードは準備されているか、帰宅困難児童はどこに集め、どう保護し、どのようなケアに努めるのか、宿泊できる体制とは何がどれだけ必要なのか、マニュアルを見るだけでも、実効性に乏しいことがわかってしまいます。これらの対策については以降の各節で解説しますが、一つひとつを検証しながら具体的対策を考え準備し、周知・訓練しながら更なる見直しを進めていくような努力が必要となってくるのです。

特別支援学校での対策

　特別支援学校には、障害のある子どもが在籍していること以外にも、教職員の構成、校舎の構造、カリキュラム特性、通学圏、寄宿舎やスクールバスといった学校ごとに個別性の高い事項があります。また、担任以外に様々な役割を持つ教職員が多く、雇用形態が多岐にわたっている事情を考慮して体制整備を行う必要があります。様々な場面を想定して行動計画を策定しましょう。

> **POINT**
> - 担任同士の連携と役割分担を検討する
> - 人だけでなく、物の運搬についても考えておく
> - 特別教室での活動時や子どもが分散した状況でも対応できる計画を立てる
> - スクールバス乗車中、子どもの自力通学途中の災害対応について計画を立てる
> - 寄宿舎、地元市町村、地域、事業所等との連携を図る

　複数担任制の特別支援学校では、担任同士の連携と役割分担が重要です。全体に指示する役割と、個別に支援が必要な子どもの安全確保を担う役割など、おおまかに決めたうえで柔軟に対応できるとよいでしょう。1対1での対応が必要な子どもが多く、非常時に応援が必要なクラスでは、あらかじめ応援者を決めておくことも重要です。また、ケアに必要な物の運搬についても役割を決めておきます。
　特別支援学校では、活動場所や子どもと指導にあたる教員の構成が変わる場面が多くあります。全ての子どもが同じように行動することも想定できません。そのため、考え得る場面を細かく挙げて、全て行動計画を立てることは、現実的ではありません。災害に対する初期対応は、汎用性を高く計画し、個々の子どもが場面ごとに適切な行動を選択できるような学習を取り入れましょう。
　特別支援学校は、校舎の構造が学校によって大きく異なり、複雑な場合が多いため、一般的な例を取り入れることがなかなかできません。逆に、工夫の余地が大きいともいえます。計画策定や見直し時には、校舎見取り図を準備して、教職員が話し合いながら、より効率的な動線を考える作業を取り入れましょう。
　寄宿舎が併設されている場合は、寄宿舎との相互支援についても確認しておきましょう。スクールバスを運行している場合は、バス乗車中の災害について計画

策定が必要です。自力通学の子どもが被災した場合の対応は、地域との連携がポイントになります。中期的には、給食等の委託業者、近隣の自治会、放課後等デイサービス等の事業所との連携を進め、見直しが図れるとよいでしょう。

見直しには、実践的な訓練が必須です。訓練マニュアルは形骸化して「セリフの書かれた台本」になっていませんか？　マニュアルを使って、災害時にとるべき行動や必要な情報を教職員全員がシミュレーションできることが大事です。そして、見つけた課題を共有し、学校全体で改善を積み重ねましょう。教職員が一人では非常時の支援が難しいと思った場合は、率直に情報を共有することも大切です。平時の訓練で多少の難しさを感じた場合、災害時にはより難しくなるからです。

児童生徒の人数を常に把握するための仕組みづくり

避難行動のマニュアルづくりは、より実効性のある形で作成することを述べてきましたが、その前提として、発災時に児童生徒や教職員の在校人数や所在を正確に把握することが極めて重要です。日常的に、欠席のみならず、遅刻・早退も発生しますので、今現在何名学校におり、誰が不在（欠席・遅刻・早退）なのか、常に正確な情報が整理されていることが求められます。また、来客者や学校関連職員（売店、給食、スクールボランティア）等の安否確認の方法（入退校記録を確実にとるなど）も決めておきましょう。この情報が曖昧なまま災害が発生すると、行方不明者を出すことになりかねません。避難後の点呼において「〇〇さんは早退のはずだが、さっき見かけた」という情報が出れば、行方不明の可能性があり、探しに行かなければならなくなります。担任の不在時には、なおさら混乱をきたします。これを回避するために、普段から出欠席の情報を一元化し、共有できる仕組みをつくることが必要となります。

ある中学校では、早退や遅刻が判明した時点で、職員室にその情報を集積し、養護教諭が管理する仕組みをつくっています。これによって、いざというときの情報共有不足による行方不明者の誤情報発生を回避することができます。出欠席判明時、即座にとはいかなくても、中休み、昼休みなどの区切りの時間で共有する仕組みをつくる一方、担任と学年主任など複数の教職員は即座に情報共有しておくことで、この行方不明か否かの混乱をある程度防ぐことが可能です。

2 備蓄の考え方

1 無理なく取り組める備蓄

　災害時の備蓄については、何をどのくらい、どのように用意すべきでしょうか。

　まず、学校に関わる備蓄として、①避難してくる住民に対するもの、②帰宅できない（帰宅が遅れる）児童生徒に対するもの、③これらの対応にあたる教職員のものが考えられます。

　①については、学校が積極的に準備するものではなく、避難所を開設する行政が準備するものです。逆にいえば、学校に市町村によって設置された災害用コンテナの中に含まれる食料などは、①に対して準備されたものであり、学校が児童生徒に優先的に配布できるものではありません。

　③については、教職員の人数に応じて必要ですが、必要量もそう多くないため、通常の経費や構成員の自助努力でもある程度カバーできるものです。

　問題は②の児童生徒に対するもので、これを準備するには結構な費用がかかります。原則的に、全児童生徒の必要数を確保することが必要です。しかし、学校の立地にもよりますが、児童生徒が全員帰宅困難になることが必ずあるわけではありません。

　引き渡しに対応できる児童生徒の保護者が、どのような状況かを事前に把握しておくことで、帰宅困難児童生徒がどの程度発生するのかを予測することができます。保護者が自宅から遠いところに勤務しているのか、保護者以外に祖父母など引き渡しに対応できる方が近くにいるかどうかなどを事前に把握しておけば、速やかな帰宅が困難なおおよその児童生徒数がわかります。まずは、それを踏まえた人数に対応した飲料水、非常食、衛生用品、簡易トイレ、毛布、照明等の資材を準備するとともに、校内のどこで保管するのか、被災時に対応するためにどの程度の教職員が必要かも考えて計画を策定してください。

　他方、備蓄を準備する工夫として、入学時にいくらかの費用を集め、保存のきく飲料水や簡易食を購入し、卒業時にお返しするような形で１～２食程度の準備をしている学校もあります。食物アレルギーなどに対応した食事も準備しています。このような取組は、保護者の一定の理解が必要ですが、理解が得られるならば比較的早く体制を整えることが可能です。

2 一般的な備蓄のモデル例

一般的な備蓄品の準備にあたり、以下の点に留意します。
　①学校規模と立地
　　児童生徒数、地域の災害リスク（地震、台風、水害など）を考慮し、必要な備蓄量を調整します。

②長期保存
　非常食は、賞味期限が長く、保存しやすいものを選びます。
③多様性
　宗教上の理由やアレルギーなど、児童生徒の状況に配慮し、様々な種類の食品を用意します。
④衛生面
　水は、清潔な容器に入れ、定期的に交換します。
⑤情報収集
　ラジオや携帯電話の充電器など、情報収集に役立つものを備えます。
⑥応急手当
　ばんそうこう、消毒液など、簡単な応急処置ができるものを用意します。

図表1-6　一般的な備蓄のモデル例

分類	品目例	備考
食料	非常食（アルファ米、缶詰など）	回転させ、賞味期限切れを防ぐ
	水	浄水器も検討する
	菓子類	軽食に
衛生用品	トイレットペーパー	簡易トイレも検討する
	ウェットティッシュ	手洗い用の石鹸も用意する
	ゴミ袋	衛生的な環境維持のために
	マスク	感染症対策として
医薬品	ばんそうこう	
	消毒液	
その他	寝具（毛布など）	避難所での使用を想定
	ラジオ	電池式又は手回し充電式
	懐中電灯	電池式又は手回し充電式
	携帯電話充電器	
	軍手	防災作業用
	ホッチキス、テープなど	応急修理用

防災ポーチをつくろう！

　備蓄品や持ち出し品の準備には、「防災ポーチ」づくりの学習がおすすめです。「防災ポーチ」には、児童生徒一人ひとりが必要な薬や携行食、安心できるグッズなどを入れます。登下校時や家族での外出時にも持ち歩くよう習慣づけることで、災害時の一次的な備蓄対策につながります。「防災ポーチ」の学習は、ヘルプカード作成（第2章第1節特別支援学校での対策参照）などと併せて行うことで、児童生徒の自己理解や学校外での自助にもつながります。

「防災ポーチ」づくりワークショップ

みんなで防災ポーチをつくろう！

防災ポーチとは

外出先で災害にあったとき、命を守り、避難所や自宅に着くまで命をつなぐためのポーチです。外出時にはバッグに入れて、普段から持ち歩きます。

ワークショップのためのもちもの

まずはおうちにあるポーチでつくってみましょう。
ジッパー付き袋などでもOKです。

次の①〜④で思い当たるものを、それぞれ1つ以上持ってきてください。
できるだけたくさん、ポーチに入りきらない量を持ってきてください。

つくろう！防災ポーチ1
https://youtu.be/LaOfqFsrAwA

つくろう！防災ポーチ2
https://youtu.be/I7-WOhEK3h8

つくろう！防災ポーチ3
https://youtu.be/cgFz3s020FQ

特別支援学校での対策

　特別支援学校では、一般的な備蓄に加えて、障害特性に応じて必要な備蓄を洗い出す必要があります。保護者への引き渡しに数日かかることも念頭に準備しておきましょう。

> **POINT**
> ・共通のものと個別性の高いものをそれぞれ準備する
> ・電源、衛生品、薬など命に直結する物資の備蓄を優先する
> ・アレルギー・こだわりに対応した備蓄食を食べ慣れておく

　災害時に入手が困難な薬や衛生品、特殊な備蓄食は、家庭と協力し、学校に数日分、家庭には1か月分程度の備蓄があると安心です。古いものから使用するローリングストックを行いましょう。電源、予備バッテリーなど、命に直結するものは必ず学校にも備蓄するか毎日持参してもらいましょう。スクールバスにも、一日車内や避難先で過ごせる備蓄をしておきます。

写真1-3　医療的ケアが必要な子どもの持ち出し品対策例

薬や物品の定期的な確認
消費期限の確認・新しい物との入替えなど、薬や物品が届いたときに行う

バッグの中の見取り図
医療や福祉用語に詳しくない人などにも探してもらいやすいように工夫する

　学外に避難する場合、こうした持ち出し品の運搬に人員が割かれます。訓練を行って、持ち出し品の担当者も教職員の役割分担に組み込んでおくとよいでしょう。学校が危険区域にある場合は、二次避難先に一部の備蓄品を置くことができないか交渉してみることも一案です。

また、個別性や必要度の高い物は、一人ずつ「防災ポーチ」を持つ方法がおすすめです（コラム参照）。

　二次避難が想定される場合は、防災ポーチに加えて、家庭と連携して避難用リュックを準備できるとよいでしょう。着替え、１食分の備蓄食、避難場所で落ち着いて過ごすための物を追加で準備します。避難用リュックは訓練時に背負ってみるなど、実際の「大きさ」「重さ」を体験しておき、定期的に中身を入れ替えたり、使ってみたりすることが大切です。

●停電対策

　電源が必要な医療機器を使用している場合は、特に入念な準備が必要です。まず、停電が起きた場合に、予備電源や予備バッテリーからどの程度の時間電力供給ができるかを確認しておきましょう。発電機や車のソケットから給電する場合は、機器が故障するおそれがあるため、使っている機器と適合するかどうか、事前に家庭と連携してメーカーに確認しておく必要があります。電源が必要な児童生徒については、非常用電源があり確実に電源が確保できる場所に避難できるよう、事前の確認と取り決めが必要です。体温調整が苦手な子どもは、夏場の冷房、冬場の暖房対策を検討しておきましょう。

●備蓄食

　特別支援学校では、アレルギーや食にこだわりのある子どもにも対応した備蓄食が必要になります。災害時に、好きな食事や食べ慣れた食事は安心感を与えてくれます。被災後に家族に引き渡すまでは、子どもたちが「食べられる」ことを第一に、備蓄食を準備します。例えば、ご飯にふりかけが付くだけでも食べやすくなりますし、好きなキャラクター商品やこだわりのある食材を準備するのもよいでしょう。特別支援学校の子どもたちにとって、備蓄食は食べ慣れておくことが重要です。家庭と連携し、毎年又は毎学期１食分の備蓄食を準備してもらい、学期末などに防災給食として調理して食べてみる学習も効果的です。

　この場合の備蓄食は、３年や５年といった長期保存がきくものでなくてかまいません。学期単位で防災給食を行うなど工夫することで、半年程度の保存がきく日常的に用いる安価な食材（レトルトや真空パック、缶詰など）で十分となります。家庭ごとの工夫を学校を通じて共有すれば、家庭の防災力もアップします。開封するだけで食べられる備蓄食もありますが、簡単な調理を行うことで、災害下でも日常の学校生活に近い活動を取り入れることができます。

第2節 体制整備と備蓄 | 29

写真1-4　1食分の備蓄例

キャラクター対応
カレーライス（レトルトはキャラクター商品、パックご飯は湯せん可能なもの）、ポテトサラダ（ポテト菓子にお湯とマヨネーズを入れて混ぜる）、フルーツゼリー。

一部アレルギーに対応
ミートソース、米粉パスタ（袋に水とパスタを入れてゆでる）、クッキー、野菜ジュース。アレルギー対応食品は中期保存がきくものが多い。

簡単な調理を取り入れる場合（一部アレルギーに対応）
おしるこ（薄切り餅をお湯で柔らかくし、小豆缶をのせる）、ひじきと大豆とツナの和え物、豆乳。

第3節　点検と対策

POINT
- 基本は整理整頓。高い所にものを置かない、動くものは固定する
- 避難経路を塞がない。安全地帯（避難場所）を明示する
- 特別教室では、備品や設備の固定・隔離、安全地帯の確保など、より踏み込んだ対策を
- 授業内容に応じた行動を事前に決めておき、周知する

1 普通教室での対策

① 安全な教室づくりに必要な対策は？

　地震が発生したときの教室の様子を想像してみてください。多くの物が飛び、児童生徒は悲鳴を上げるでしょう。驚いて動けない子がいるかもしれません。どのようにすれば安全を確保できるのでしょうか。

　1点目は、教室の様々な備品や設備の対策です。基本は「落ちる」「倒れる」「転がる」危険をどう防ぐかです。2点目は、児童生徒にどんな（指示を出し）行動をとってもらうかです。両方とも事前にしっかりとした対策をとることでリスクを低減できます。学校で長時間滞在する普通教室は、対策の要となります。しかし、その一方で、普段の学校生活を大きく阻害する対策は実効性がありません。両立する対策を考えていく必要があります。

　普通教室によくある設備を事例に、図表1-7で対策を紹介していきます。一つひとつは小さなことですが、積み重ねることで効果が増していきます。また、常に完璧を目指すのではなく、まずはできるところから、負担が少ないことから積み重ねることが大切です。

第3節 点検と対策 | 31

第1編 地震に備える防災管理

図表1-7　普通教室での対策例

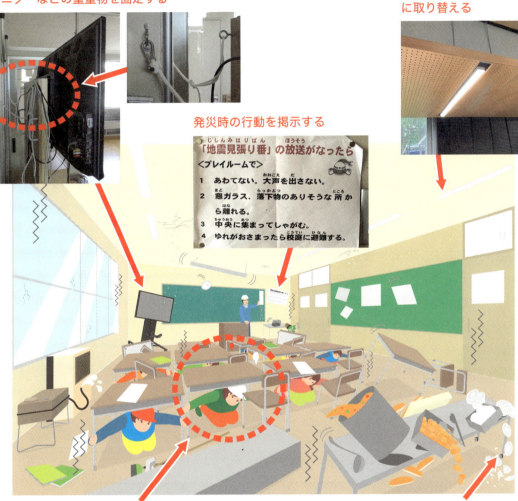

モニターなどの重量物を固定する

発災時の行動を掲示する

落下防止カバー付の照明に取り替える

机の横に赤白帽子等をかけておき、揺れを感じたら、とっさにかぶり、机の下に潜る

給食配膳台を固定する

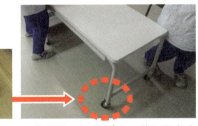

不使用時はカラビナで壁に固定するか、転倒防止具を使用

ほかにも何が危険か考えてみてください
・ポータブルデッキや植木鉢が飛んでくるかも
・灯油タンクからホースが外れて灯油が漏れ出すかも
では、どうすれば防げますか？

これらはあくまでも例にすぎません。教室には固定していないものがたくさんありますが、実はその多くは、整理整頓と少しの工夫で解決できます。できるだけ低い位置に移動したり、引き出しや棚にこまめにしまうだけでも「落ちる」「倒れる」「転がる」のリスクを低減できます。少しの工夫が安全を増すことにつながります。教室の状況に応じて、「すぐにできること」を実行してみてください。

❷ 身を守る行動を習慣化する

　教室の安全対策を施したうえで、児童生徒や教職員がどう行動するかも重要です。地震発生時、ヘルメットをかぶれれば安全度は高まりますが、すぐに手に取れなければ意味がありません。また、そのために机にヘルメットを掛けておいても、多くの教室では移動等の邪魔になるでしょう。ヘルメットの活用が現実的でない場合、帽子が頭を守るために一定程度は有効です。緊急地震速報が鳴ったり、揺れを感じたら、とっさに机の横に掛けてある赤白帽子をかぶり、即座に身を守ることを習慣化します。通常の避難訓練だけでなく、ショート訓練（警報が鳴り、帽子をかぶり、机の下に潜り込み、机の脚をつかんだら終了。写真１-５参照）を繰り返し行うことが有効です。このように、児童生徒に身を守ることを習慣化してもらうことが大切です。

　教職員自身も帽子をかぶり、机の下に潜り込むなど身を守る行動が必要ですが、状況に応じて余裕があれば、カーテンを閉める（ガラスの飛散防止）、出入口の扉を開けるなどの行動が、無理のない範囲でとれるとよいでしょう。

写真１-５

2 廊下での対策

① 避難動線の確保を踏まえた安全対策

　地震の発生は、時と場所を選びません。休み時間など、児童生徒が廊下に出ているときに発生することもあります。廊下での地震発生に備え、どのような対策をとることができるでしょうか。

　廊下にも多くの危険が潜んでいます。また、廊下は避難動線となることから、物の転倒や散乱が避難を妨げることとなり、避難が計画どおりできなくなる原因ともなります。このため、発災直後の揺れから身を守ることに加え、避難動線を確保する意味でも、十分な対策を講じることが求められます。

　基本的には物を置かないことですが、一時的に展示物とその台などが設置されていることもあります。また、電子黒板など複数教室で共用する物品などが置かれる場合もあります。一時的な置き場であっても、未使用時にはワイヤーやフックで建物に固定し、揺れで倒れたり、移動しないようにすることが必要です（写真1-6参照）。

写真1-6

共用の電子黒板などキャスター付きの家具などをワイヤーとフックで固定。重量に耐える強度のものを選ぶ

移動させる際はカラビナからワイヤーを外す。カラビナやワイヤーは、固定する家具の重量に応じたものを選ぶ

　地震により防火扉が閉まる事例も多くあります。特に夕方から夜にかけて閉まると暗くて何も見えません。小扉に蛍光テープを貼る工夫なども有効です。

② 安全な行動を促す工夫

　教室同様に、廊下にも発災時の対応を掲示し、安全な退避行動を誘導することが有効で

す。写真1-7は、ある小学校に掲示された地震発生時の退避地点を示す掲示物で、児童がしゃがんで頭を守る姿勢をとっています。児童には、地震が来たとき廊下にいたら、この絵の下でしゃがんで頭を守るよう指導されています。

普段の避難訓練によって「地震が来たら机の下へ」を教え込まれているため、児童は、これを忠実に実行します。休み時間に実施した避難訓練では、プレイルームや廊下で遊んでいた児童が、緊急地震速報の音を聞いた途端に教室へ急いで戻り、机の下に潜ろうとする光景をよく目にします。これは本来、机の下に潜り、落下物などから身を守るための行動が、地震が発生したときに児童が不用意に校内を移動して、けがをするリスクを高めてしまうという逆効果の例です。また、頭を守る姿勢を覚えていても、ガラス窓の真下でしゃがんだり、落下物の危険がある校舎外側のすぐ横でしゃがんでしまう児童も多くいます。特に低学年では、何が危険なのかの状況判断がつきにくい児童も多く、このような行動をとるのも仕方がありません。

これを防ぐために、写真1-7の例のように、廊下や階段などでも、安全な場所を事前に決め、そこに頭を守るサインを示すことで、児童は教室以外の場所でもサインの下でしゃがみ頭を守る適切な退避行動をとることができ、結果として、子どもたちは危険から身を守る行動を効果的にとれるようになります。小学校高学年や中学校では、写真1-8のような、自分で考えさせる掲示で構いません。普段から目にすることで、「地震が来たら何がどう危険なのか？」を自ら考え行動できるようになります。

このような掲示を行い、児童生徒に指導したうえで、廊下にいる場合の避難訓練を抜き打ちで実施してください。児童生徒は自らを守るためのベストな行動を自然とできるようになっていきます。

写真1-7

頭を守るイラストの掲示。廊下の児童はこの下で退避行動をとるよう指導されている

写真1-8

小学校高学年や中学校では、自分で考えての行動を促す掲示でよい。普段から目にすることで、考え行動できることにつながる

3 特別教室での対策

❶ 授業内容に応じた対策

特別教室には、様々な備品や設備が設置されていますので、これらに有効な対策を行いながら、授業にできる限り支障がないよう配慮も必要です。原則は通常教室と同じですが、更なる工夫や、授業内容に応じた踏み込んだ対応が必要となります。

例えば、家庭科室の場合、授業で使う皿やカップを収めた食器棚、冷蔵庫、電子レンジ、オーブンなど様々な機器がありますので全てを固定することは難しいでしょう。普段使わないものは、準備室での保管や作業台下の収納にしまうことがベストです。それができない場合は、設置場所を工夫することで教室内に安全地帯をつくります。例えば、教室後方などにこれら機器をまとめ、前方には落下や転倒の心配がない「安全地帯」をつくります（図表1-8参照）。とっさのときには、教室前方に集まって机の下に潜り込むなど安全姿勢をとります。機器の固定と合わせて安全地帯を設置することで、いざというときの対策をとっていきます。

図表1-8

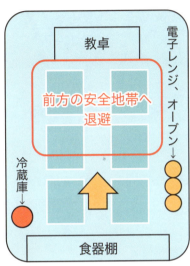

写真1-9　特別教室の対策例

❶使用頻度の低い機器は準備室か収納へ格納する。可能なものは固定する

扉のない棚はネットなどで飛び出しを防ぐ

❷動きやすい楽器は移動を防止する

ケーブルカバー等を設置することにより、移動を防ぐ、ないしは時間をかせぐことができる

❸机の下に潜れない教室は防災頭巾などを配備する

❷ 児童生徒がとるべき行動を提示する

　これら対策を講じたうえで、教室には発災時にとるべきとっさの行動をあらかじめ掲示し、学期始めなどに口頭で説明することが有効です。授業内容に応じた注意点も掲示し、口頭で説明してください。例えば、家庭科室では、まず火を消し、熱いフライパンなどは飛び出さないように流し台に入れる、アイロンなどの電源は切ってコードを抜く、理科室で実験中であれば、フラスコごと流し台に入れて飛び出してこないよう措置をするなどです。特別教室では様々なパターンが考えられるので、教室の状況、作業内容に応じた指示を考え、周知しておくことが大切です（写真1-10参照）。これらの場所、状況に応じたベストな行動をあらかじめ考え、掲示と口頭で周知すること、また、対策に応じた訓練の実施と周知どおりの行動がとれたかどうかの確認が極めて重要です。

写真1-10　掲示例とその対応例
これらは各教室の避難経路図の周りに掲示すると効果的です

理科室

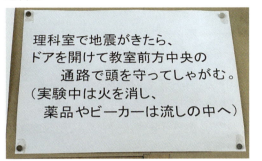

扱う薬品によっては対応が異なる場合があるため注意すること

調理室

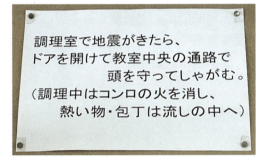

被服室

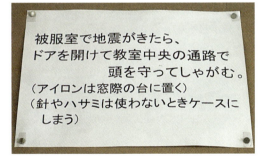

音楽室

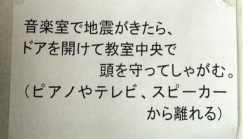

特別支援学校での対策

　特別支援学校では、日常的に用いる教材が多く、使いやすさと安全な環境が両立する工夫が必要です。学校によって校舎の構造が大きく異なる、児童生徒の増加によって教室の不足に対応しなければならない、個別学習の場所が必要など、校内の環境整備にはいくつものハードルがあるのが現状でしょう。そのような中でも、災害時にとっさに逃げることが困難な障害のある子どもたちが、どこにいてもけがをしない環境をつくっておくことが対策の基本になります。

> **POINT**
> - ①整理整頓、②レイアウトの工夫、③固定・飛散防止、④視覚支援の順に
> - 子どもが"動かなくてもけがをしない"環境づくり
> - 障害が重い子どもが使う場所、使用頻度が高い場所を優先
> - 子どもたちと協力して進める

①整理整頓

　まず、古くから受け継がれて使用していない教材や機器は、処分しましょう。現実的な進め方として、管理職やその学校への勤務年数が長い教職員が物の処分を決断できると、整理整頓が進みます。次に、使用頻度が週1回程度の物は、教室近くの倉庫スペースにしまい、その都度、取り出すようにしましょう。

　整理整頓を進めるには、教職員同士のアドバイスが有効です。慣れた環境のリスクには気付きにくくなりますから、お互いに指摘し合うとよいでしょう。

②レイアウトの工夫

　障害のある子どもは、地震の揺れに対して即座に移動することが困難な場合が少なくありません。そのため、どこにいてもけがをしない環境づくりが大切になります。移動できる家具等は、避難経路を塞がない1か所にまとめて固定するなどして、各教室内に安全スペースをつくるようにしましょう。

　個別活動やクールダウンのためのスペースは、急ごしらえの場合もあり、対策の盲点になりがちです。固定していないロッカーや棚を使って空間を区切る例が多く、とても危険です。家具を積み上げたり、簡易な仕切りを使って区切る場合には、それらが倒れたり落下しないか確認してください。

子どもの飛び出し防止などの観点から、ドアが家具等で塞がれている場合もあります。出入口には避難路としての役割がありますから、非常時には使用できるようにしておく必要があります。

　教室以外の場所を転用して、複数の出入口が設置されていない場所を学習に用いている場合は、教育委員会と相談し、安全対策がとれるような改修も視野に入れましょう。また、利用する教室の大幅な変更をすることで、課題が解決する場合もあります。慣習や既存のレイアウトにとらわれず、学校全体での改善を模索してみましょう。

　作業学習の教室は特に危険が多いです。360度、作品や道具の置かれた棚に囲まれ、構造上、机の下に潜り込めない状況も少なくありません。教室内がどのようなレイアウトであれば安全に過ごせるか図上で検討したうえで、それに向けて整理整頓や倉庫の利活用を進めることが必要です。

③固定・飛散防止

　固定や飛散防止にはお金がかかります。優先度の高い場所として、障害が重い（＝災害時とっさに動けない）子どもが使う場所、使用頻度が高い場所、重い棚や道具、鋭利な道具が置かれているなど大きなけがをしそうな場所から取り組みます。最初からベストを目指してそのままにしておくよりは、できることからすぐにやるほうが、現実的なリスクを減らすことができます。

　扇風機など、安全のため子どもの手が届かない棚の上に置かれている物も固定します。ただし、落下するとけがをする危険性がある物は、面倒でも教室以外の倉庫などにしまい、都度、取り出すようにしましょう。

　重度の子どもたちが生活する部屋では、落下物に特に注意が必要です。教室の床の上に寝転んで、棚を見上げてみてください。軽いプラスチックのかご一つであっても、上から落ちてくるものには恐怖を感じます。重度の子どもたちが生活している場所は、完全に安全なスペースになるよう気を配る必要があります。医療機器などは落下すると故障のおそれがありますから、置き場所にも工夫が必要です。都度、簡易固定や滑り止めの対策ができるよう工夫しましょう。

④視覚支援

　子どもの理解度に合わせて、イラストや文字で地震に対する安全確保姿勢、避難経路、非常口、安全スペースなどを示します。安全スペースは、床にテープを貼って囲む方法もあります。効果的な視覚支援を行う工夫は、特別支援学校の先生方の得意分野です。周辺の学校のモデルになるような掲示・表示方法を考えてみてください。

写真1-11

"非常時"のみ使用する場所であることを視覚的に示す

● 防災教育との接続

　こうした環境整備は、教科学習や作業学習などと組み合わせて子どもたちと一緒に取り組むことで、安全な環境づくりの力が身に付きます。例えば、木工技術を学ぶ生徒は、家具の固定をするのに大いに活躍してくれるでしょう。縫製技術を学ぶ生徒は、防災頭巾や防災ポーチの製作、調理を学ぶ生徒は、備蓄食材を使った調理……といったように、防災と関連付けた学習内容を考えてみましょう。あれが危ない、これが危ないと、リスクを発見するのが得意な子どももいます。こうした子どもの声をチャンスと捉え、どうしたらそれを改善できるかという視点を併せて提供できれば、その子どもの強みを生かした学習機会につながります。

第4節 "その時"に備える訓練の工夫

POINT
- 即座に身を守る工夫を
- 授業時間外や特別教室など、時間や場所を変えた訓練の実施
- 訓練後に必ず振り返りを行い、改善と情報共有
- 訓練の課題をその後の訓練やマニュアルに反映
- 年間の訓練計画をパターン化して、学校のモデルとして引き継ぐ仕組みづくり

1 訓練の実施と振り返り

① 活動状況に応じた訓練

　学校が普段から行う避難訓練は、防災管理の最も基本的な取組の一つです。どの学校でも必ず実施する避難訓練の時間をいかに工夫し、有効に活用するかが重要です。訓練を学校の様々な状況に応じて行い、そこで出た課題に対応していくことで、学校の防災力を向上させることができるのです。

　多くの学校では、これまで授業中に地震が発生した想定で机の下に潜り込み、その後、校庭に整列する形の訓練を行ってきました。これは、教職員と児童生徒が皆学校にいるとき、かつ、教職員の目が行き届く授業中の訓練であり、最も基本的で重要な訓練です。

　この訓練を生かしつつ、その延長として、休み時間や清掃時間など授業時間外での訓練実施も有効です。休み時間、児童生徒は教室以外にいることが多く、また、必ずしも教職員の目が届かず指示が通らないことが少なくありません。この場合、廊下や階段、トイレ、校庭、体育館などあらゆる場所で、どう行動すべきか迷うことになります。実際の訓練では、近くの机の下に潜り込む、その場でしゃがんで頭を守る児童生徒がいる一方で、呆然と立ち尽くす、他の場所から全力疾走して自分のクラスに戻り、机の下に潜り込むなど、教職員の予想を大きく超えた動きをする児童生徒も存在します。

　地震発生時には即座に身の安全を守る行動が大切であり、訓練実施後の振り返りの時間が極めて重要となります。振り返りでは、自分はどんな行動をとったのか、なぜそうしたのか、それが適切な行動だったのか、どうすれば改善できるのかを、自分自身で振り返り

考えて発表してもらったり、互いに話し合いながらどうすべきかを考える機会を持つことが大切です。

また、通常教室ばかりでなく特別教室での授業中の訓練も必要です。特別教室では、調理実習、アイロンを使った実習、理科の実験など、扱いを間違えば危険な物もあり、とっさにどう対処すべきか、事前に決めて児童生徒に周知しておく必要があります。訓練では、特別教室での実習中に決まりどおり適切に対処できるかどうか、繰り返し練習することが大切であり、同時に自身やクラスの対応がどうだったのか、振り返ることが大切です。

② 訓練を踏まえた対策

訓練によって見えた課題に対して、児童生徒の振り返りや指導が効果的ですが、一方でクラスや一人ひとりの指導にとどまらず、学校としての対策をとる必要があります。例えば、ある学校では、地震発生時に適切に安全確保ができない児童への対策として、地震が起こった時、何をすべきかがわかる掲示を行っています（写真1-12参照）。また、廊下から教室へ戻ったり外に飛び出したりしないように、事前に安全な場所を指定しサインを掲出しています（本章第3節写真1-7参照）。これによって、地震発生時に児童は最寄りのサインの場所で、退避行動をとることができるのです。地震発生時には、自ら考え行動することが求められる一方で、このように行動の目安を事前に児童に示し周知しておくことで、ある程度安全な方向に誘導することができます。

写真1-12

2 訓練の工夫と継続性の確保

① 訓練の工夫

実際に退避行動が履行されるかどうかの検証や定着のためには、児童生徒が退避行動をとるまでで終了とする、時間を節約した「ショート訓練」を実施するなどして、繰り返し身に付けてもらうことが効果的です。

普通教室でも、どのような行動をとるのか掲示することは有効です。机の横に掛けた赤

白帽子をかぶるなどの行動も一緒に決めておきます。担任は、教室で地震発生時に何が危ないのかを考え、事前に対策しておきます。重いものは低い位置や戸棚の中へしまうような整理整頓を基本としつつ、本章第3節で示したような家具の固定など、備品が落下したり飛んだりしないような対策が必要です。例えば、テレビや給食配膳台などは、転倒防止用の器具の装着や、壁にフックと金属ワイヤーで固定するなどの対策が有効です。これらは、普段の利用に極力邪魔にならないように対策することが肝要です。

同様に特別教室においても、地震発生時にとるべき行動を事前に決め、児童生徒に普段から周知するとともに、それを教室に掲示します（本章第3節写真1-10参照）。そして、ショート訓練などで、しっかり取り組めるか確認することが大切です。

❷ 継続性の確保

児童生徒を含めた訓練は、発災時の対応が圧倒的に多く、それ以外は教職員同士の確認や保護者とのやり取りに関わる訓練です。先にも述べたように様々な訓練を試し、そこで起こった問題を検証し、対策することで問題をクリアし、対応をマニュアルに残していくことの繰り返しが必要です。発災時の訓練については、ある程度パターン化し、例えば、4月は通常の訓練、10月は無告知で休み時間に実施する訓練、12月は特別教室を含めた訓練と引き渡し訓練のように設定し、小学校であれば3年で一回りさせ、6年間で各訓練を2回経験するルーティンをつくり、それを学校のモデルとして引き継いでいくような仕組みづくりが望ましいでしょう（図表1-9参照）。

訓練は放送機器が故障、防火扉が閉まる、けが人や行方不明者を出すなど実際に発生し得る様々な状況が考えられるため、創意工夫しながら学校ごとの課題に対応した訓練を設定します。例えば、放送機器が使えない時、どのように校内情報を収集し、どのように指示を伝えるのか、ある程度事前に決めて、訓練しておく必要があります。また、防火扉を閉めると普段と見え方が変わります。くぐり戸は2列で通れない、扉の戻し方がわからないなどが考えられます。ある中学校では、防火扉を動かすと、上階からの避難路を塞ぐことがわかりました（写真1-13参照）。けが人や行方不明者をどのように探すのか、発見から報告、けがの状況、支援の要請と報告内容、伝達の手順は決まっているか、スムーズに適用できるのか、普段からの訓練と手順の確認ができていなければ発災時に適切に対応することは不可能です。そのような有効な訓練を積み重ねることで、学校の防災力を向上させることができるのです。

写真1-13

図表1-9　年間の避難訓練計画（例）

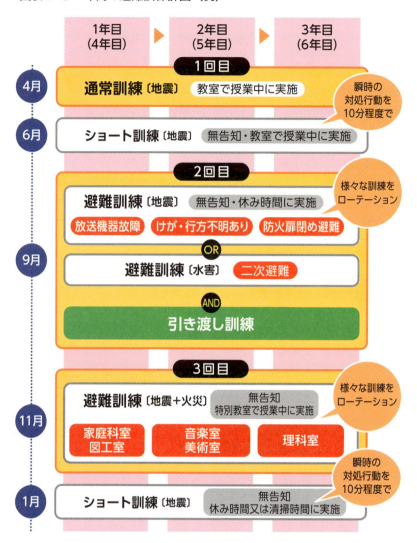

特別支援学校での対策

　特別支援学校では、実践的な訓練が特に重要です。多様な状況を想定し、教職員と子どもの判断や行動の定着を図る必要があることから、国で定められた訓練機会だけでは十分な対策はできません。障害児者は避難後の環境による影響を受けやすく、災害関連死や障害の悪化を防ぐ必要があります。学校では避難だけでなく、避難先の環境に慣れるための訓練も特に必要となります。

> **POINT**
> ・リスクの高い子どもの訓練参加を見送っていませんか？
> ・複数の状況を設定してショート訓練を繰り返し、行動の定着を図る
> ・既存の方法にとらわれず、子どもの特性に応じた訓練を考える

　特別支援学校では、授業や活動内容に応じて活動場所や子どもと教職員の構成が変わる場面が多くあります。そのためクラスルーム以外の場面での訓練を、毎年必ず取り入れましょう。場面や状況が変わっても適切な初期行動をとれるようにすることが大切です。また、自身で身を守ることが難しい子どもには、教職員が即座に対応し、安全を確保する必要があります。これには、様々な場面を想定したクラス単位の予告なしショート訓練が有効です。繰り返し行うことで、避難行動の定着につながります。

　特別支援学校では、学区が広域で通学手段が複数あることから、実践的な引き渡し訓練も重要です。家庭との情報伝達・安否確認を含めた引き渡し訓練を、毎年、保護者と協力して行いましょう。二次避難が想定される場合は、引き渡し訓練と併せて二次避難訓練も行いましょう。毎年定期的に行うことで、二次避難先との連携にもつながります。

　避難訓練への参加が困難であったり、登校日数が少ない子どもが訓練に参加していないことがあります。しかし、こうした子どもへの対応こそ、シミュレーションが必要です。一斉訓練に参加できない子どもには、個別の訓練などで同程度の訓練機会を設けるようにしてください。

　また、災害について話題にしたり大きな警報音を聞いたりすることで、子どもの恐怖感が高まり、避難訓練の前後で何度も怖がったり、登校を渋るような場合

もあります。しかし、「怖がるから訓練をしない」という選択肢は避けるべきです。災害は確実に起こると考え、「正しく恐れる」ことが大切です。防災教育の導入として、災害時の写真や映像を見せる方法が定石になっていますが、必須ではありません。警報音が怖い子どもには「危険を知らせてみんなを守ってくれる音」であることを説明したり、訓練は「地震に負けないための練習」などと説明します。子どもの特性に応じて、恐怖感から防災を意識させるのではなく、安心するための防災訓練であり、ミッションをクリアするための防災訓練といった位置付けで進める工夫をしましょう。

同様に、特別支援学校では一般の学校で行われている訓練方法をそのまま用いるのは難しい場合があります。例えば、一般的に定着している「おはしも」は「おさない・はしらない・しゃべらない・もどらない」のように打ち消し表現から成り、特別支援学校で意識的に用いられている「わかりやすい表現」とは異なるものです。さらに、障害のある子どもにとっては「しゃべらない」ことよりも「助けを求められるようになる」ことのほうが重要です。こうした場合は、定型化した訓練方法の目的を考えてみてください。例えば、「おはしも」は安全に避難を完了するための手段ですから、それに代わる手段を考えればよいのです。長野県のある学校では、「おはしも」に代えて「アルクマ、たすけて」という標語を考えました。「アルク＝あるきます」「マ＝集合場所についたら待ちます」「たすけて＝こまったら助けを呼びます」というシンプルな内容です。「アルクマ」は、子どもたちになじみのある長野県のご当地キャラクターで、子どもたちをよく知る現場の先生方ならではの秀逸なアイデアです。災害対策を進めるには、このような創造力や工夫が必要になります。

訓練は、教職員にとって災害時の可能性をシミュレーションして対策を改善する機会です。一般的な訓練方法は、特別支援学校の子どもたちや障害のある人を想定してつくられたものではありません。ですから、難しさや課題を感じた場合は、既存の訓練や行動の目的を確認し、適した方法にアレンジしていく必要があります。よりよい方法を模索すると、最初のうちは改善を繰り返して毎回方法が変わるかもしれませんが、勇気を持って変革を進めてください。既存の方法ができないのではなく、制約があるからこそ新しい訓練の形を考え、提案することができるのだと捉えましょう。今後、インクルーシブな防災が進んでいくとき、そうしたアイデアはむしろ、障害のない人たちにとって大いに力になるはずです。

第5節　教職員研修

> **POINT**
> - 児童生徒の安全確保に関する研修を校内研修の必須とする
> - 災害に関する知識と防災に関する技能の往還を意識する
> - 「その時までに何ができたか、何を準備すべきであったか」を考える
> - 研修の機会と種類を工夫し、学校全体のスキルアップを図る

1　研修はなぜ必要か

❶ 研修のねらい

　防災に関する教職員研修がなぜ必要なのか、以下のようなポイントを教職員で共有することで理解を深めることが重要です。

(1) 児童生徒の安全確保

　教職員は児童生徒の安全を第一に考える必要があります。どうしても学校では生活指導、学習指導、進路指導に関する研修を優先しがちです。しかし、学校は児童生徒、教職員がそろっているからこそ成立する教育活動であることを、常に意識することが必要です。研修を実施し、安全確保の必要性などを理解することで、災害時に適切な行動をとり、児童生徒を守るための準備ができます。

(2) 学校の責任

　学校は、災害時に児童生徒や教職員の安全を確保する責任があります（コラム「大川小学校事故検証報告書」参照）。研修は、この責任を理解し、果たすための重要な手段です。「その時、何をすべきか、何ができたか」（結果回避可能性）ではなく、「その時までに何ができたか、何を準備すべきであったか」（予見可能性）が大切です。

(3) 災害への備え

　災害は突然やってくるものです。研修で教職員は地震や火災などの災害に備え、混乱を最小限に抑えるための知識や技能を身に付けることができます。大規模な災害が起きたとき、すぐに集団がパニック状態に陥ることはありません。むしろ、先頭に立つ教職員が見えない恐怖感と時間の切迫感から冷静な判断ができなくなることが誘因となる場

合も報告されています。限られた状況下で判断するための訓練が必要です。

(4) 学校環境の把握

研修は、学校の状況や地域の特性を知り、それに応じた対応策を学ぶ機会となります。学校の建物の歴史、耐震、耐火、耐水の程度、立地している地盤や地形条件などを知ることで、避難場所を設定することができます。また、その土地の地理的環境や過去の災害事例を知ることで安全について考えることができます。

(5) 社会貢献

教職員は社会人として、教育者として、社会への貢献が求められています。研修を行うことで、災害時に地域社会や児童生徒、その家族に具体的な支援を提供する力を持つことができます。さらには、教職員自身の生活拠点や他の地域で災害が発生した場合においても、ボランティアなどの形で社会貢献することが期待できます。

図表1-10 学校安全に関する規定の概要（学校保健安全法）

学校安全に関する学校の設置者の責務（第26条）
学校設置者の責務として、事故、加害行為、災害等により児童生徒等に生ずる危険防止、事故等により児童生徒等に危険又は危害が生じた場合に適切に対処するための学校施設・設備、管理運営体制の整備充実、その他必要な措置を講ずる。
学校安全計画の策定等（第27条）
学校において、学校施設・設備の安全点検、児童生徒等に対する安全指導、職員の研修その他学校における安全に関する事項を定める「学校安全計画」を策定し、実施しなければならない。
学校環境の安全の確保（第28条）
校長は、児童生徒等の安全確保に支障がある学校施設・設備について、遅滞なく、改善に必要な措置を講じ、措置を講ずることができないときは、学校設置者に対し、その旨を申し出る。
危険等発生時対処要領の作成等（第29条）
学校において、危険等発生時において職員がとるべき措置の具体的内容及び手順を定めた対処要領（危機管理マニュアル）を作成し、校長は、これを職員に周知し、危険等発生時において職員が適切に対処するために必要な措置を講ずる。また、事故等により心理的外傷その他の心身の影響を受けた児童生徒等に対して必要な支援を行う。
地域の関係機関等との連携（第30条）
学校において、児童生徒等の安全確保を図るため、児童生徒等の保護者や、地域を管轄する警察署その他の関係機関、地域の安全を確保するための活動を行う団体その他の関係団体、地域住民その他の関係者との連携を図る。

「大川小学校事故検証報告書」(平成26年2月)より

東日本大震災で多くの犠牲者を出した宮城県大川小学校の事故について第三者委員会が調査した報告書である。この中では教員の研修等についても言及されている。

6．1．1 教職員の防災・危機管理教育の充実
(1) 教員養成課程における学校防災の位置づけ
（略）

こうした防災意識の背景の一つには、教員免許を取得する教職課程の中で、地震や津波といった自然環境の変動やそれに伴う防災に関する基本的事項についてほとんど学ばれてきていないという問題がある。

(2) 教職員に対する防災・危機管理研修の充実

教員養成教育における安全・防災教育が不十分な現状もあって、個々の教職員間で、学校防災に関する知識や意識の差が極めて大きいのが現状である。その意味でも、教員になってからの文部科学省や各教育委員会主催の防災研修や一般行政主催の地域防災訓練の機会等は極めて重要である。

こうした研修は、少なからずどの地域でも行われているが、必ずしも十分とは言えない。本事故の要因としても、津波防災に関する内容は十分ではなく、質的にも十分な意識改革につながるものではなかったと言える。さらに、研修を受けた者が、学校に持ち帰って教職員間で共有したり避難訓練や防災教育に生かしたりするということもなかった。教育行政機関の研修等に参加する機会があるのは、管理職や安全主任等役職にある者が中心であるため、その研修内容を学校全体で共有し、定着を図ることが重要である。

(3) 教職員の緊急事態対応能力の育成と訓練
（略）

地震、津波、大雨などの自然災害だけでなく、火災、爆発、犯罪者やテロリストの校内侵入、校内における暴力事件、殺傷事件、自殺、破壊行動、集団食中毒、致死性のアレルギー反応など、教職員は様々な緊急事態に最初に対応して、子どもたちの命を守るべき立場に立たされる。それにもかかわらず、緊急事態に直面した教職員が、個人として、また組織として対応するための教育や訓練をほとんど受けていない。

2 どのような機会に研修を行うか

学校では、学校保健安全法に基づいて学校安全計画や危険等発生時対処要領（危機管理マニュアル）を定め、教員研修を行うことになっています。

春には転入者を交えて、新たな組織体制や役割分担、家庭や地域との関係が確認されると思われます。この際にどうしても前例踏襲の行事であったり、転出者の代わりに転入者を単純に当てはめたりすることになりがちです。効果的な組織活動を行うためには、「安全教育」（防災教育）と「安全管理」（防災管理）の両者が車の両輪となるように計画をきちんと見直しましょう。ここでは、いくつかの大きな節目となるような機会や研修例を紹介します。

図表1-11

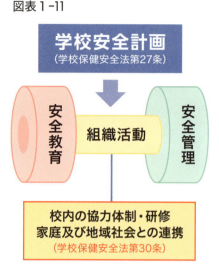

❶ 研修実施のタイミング

(1) 児童生徒が新年度を迎える前に

転入者に学校の施設案内を行う際に、教職員で学校施設の安全点検を行いましょう。校内での避難場所とそこまでの経路の確認、消火栓や消火器の位置、AEDの設置場所、担架の場所の確認は必須です。転入者は新たな視線を持っています。これまで気が付かなかった、避難路の段差や落下物などに気が付くこともあります。また、消火器の設置場所などの表示方法や避難に必要な器具の保管方法など、他校のよいものを取り入れて改善していく機会です。

また、ハザードマップを手にとって学校の近隣の危険箇所をチェックすることも大切です。2018年の大阪府北部地震や2023年の福井県鯖江市でのブロック塀倒壊は記憶に新しいところです。登下校中の災害を防ぐためや、校外への二次・三次避難を考える際にも地区の様子を知る機会となります。

(2) 避難訓練の前後で

学校で実施する火災や地震を想定した避難訓練では、避難訓練前の打合せとして、「被災想定」とそれに対する「教職員の対応」についての確認が行われます。この場合に避難訓練での被災想定を拡大する（例：荒天中の地震など二次避難が必要な災害）、別の災害種にするなどのシミュレーションを全員で確認することも研修の一つとして考えられます。また、教職員配置についても考えてみましょう。全教職員が発災時に在校していることは考えにくいことですし、さらには、特別教室や校庭での授業ではどうす

るかなどをシミュレーションすることも大切です。加えて、児童生徒や保護者へのメール送信も同時に行い、不通になっているアドレスはないかなど確認するとともに、不通だった場合の対応についても共通理解する機会が必要です。学校によっては引き渡し訓練との組み合わせも考えられます。

　このような訓練の事後に「振り返り」を行うことを勧めます。児童生徒の視点や教職員の視点、場合によっては保護者や地区の人々からの視点で再度安全点検を行うことで、より精度の高い訓練となり、教職員が課題を共有し解決することが一つの研修となります。

❷ 教科横断的な学び（クロスカリキュラム）としての研修

　クロスカリキュラムは、国際理解、環境、人権、健康など複数の教科にまたがるテーマや理念、学力を様々な教科や行事で扱う手法です。学校で行われる様々な研修の中で複数の研修機会を設けることが難しい場合は、教科横断的な学びとして防災学習を扱うことも有効です。この場合にはどの教科で、どのような教材を用い、どのような力を身に付けさせたいのかすり合わせることが研修につながります。教科科目や行事との関連図を作成し、順序性の整合や高度な内容への発展として扱うことができます。授業改善にもつながる研修として位置付けることができます。

3 どのような研修を行うか

❶ 研修計画の立て方

　研修機会を多くとれない場合には、ミニ研修と年に数回行う研修を組み合わせることも有効です。研修例を次に示しますが、1年で全ての項目を網羅できなくてもかまいません。学校の強みと弱みを生かした計画が大切です。

○ミニ研修（10分から15分程度）

〈目的〉
・日常的な研修の一環として、教職員が防災意識を高め、学校の安全を確保する。
・学校の安全点検や情報収集伝達を通じて、災害時の備えを徹底する。

〈内容〉
・学校の安全点検と安全装置の確認
　消火器、非常ベル、非常灯、非常口の点検、使用方法や復旧・復元の仕方などを担当者が確認し、不具合や不明点があれば報告する。
・安全情報の収集伝達
　各教職員が週に1回、地域の危険箇所や設備改善などの防災情報や天候情報を確認

し、学内で共有する。
- 危機管理マニュアルの確認
  毎月1回、全教職員が各マニュアルを振り返り、避難経路や避難場所、避難方法などを再確認する。
- 応急処置のトレーニング
  不定期に、応急処置の訓練を行い、教職員が基本的な応急処置を習得する。

○年に数回行う研修

〈目的〉
- 定期的に、より詳細な防災・安全対策に関する研修を行い、教職員のスキルを向上させる。

〈内容〉
- 防災知識の総合的な学習と活用
  地震、火災、洪水などの災害に関する知識の総合的な学習と知識の活用方法を習得する。
- 災害時のリーダーシップとチームワークの強化
  災害時のリーダーシップとチームワークの重要性を理解し、シミュレーションを通じて実践する。
- 災害時の心理的支援方法の理解と実践
  災害時の心理的支援方法やストレス管理の手法を学ぶ。
- 地域の防災組織との連携と協力体制の構築
  地域の防災組織と連携し、災害時の協力体制を構築する方法を学び、実践的なシミュレーションを行う。

❷ ワークショップを取り入れた研修

　研修は大きく分けて、座学とワークショップなどを伴う方法の2つがあります。座学により知識、理解を深めることも大事です。一方で、能動的に参加できる研修を実施する方が実践力のアップにつながります。特にハザードマップを用いた学区の被災可能性の理解、災害図上訓練（DIG）、学校タイムライン、避難所設営・運営訓練（HUG）などは教職員の共通理解を図るうえでもよい研修です。代表的なDIGとHUG、そして防災研修に役立つゲームがまとめられたホームページを次に示します。

⑴　災害図上訓練（DIG）とは
　　DIG（Disaster（災害）、Imagination（想像力）、Game（ゲーム））とは、参加者が地図や図面を囲みながら災害リスクをイメージし、予防策や対応策を考える参加型図上訓練です。自分のまちの様子や特徴を思い出しながら、いろいろな条件に合った改善策

を考えることができます。また、現代では将来の生活場所が必ずしも自らが生まれ育ったところになるとは限りません。他の地域や仮想地域をモデルとしたDIGを行うことで防災力が高まることも期待できます。

(2) **避難所運営ゲーム（HUG）とは**

HUGとは、Hinanzyo（避難所）、Unei（運営）、Game（ゲーム）の頭文字をとったもので、避難者を優しく受け入れるイメージと重ね合わせて名付けられました（第3章第4節コラム参照）。避難所の運営をしなければならない立場になったとき、避難者の年齢や性別、国籍やそれぞれが抱える事情を考慮して、避難所を運営するシミュレーションです。このゲームは当初、静岡県職員が考えたカードゲームでしたが、最近は避難所の見取り図を用いてシミュレーションしていく形に変化してきています。

多くの学校は避難所に指定されています。本来、避難所運営は自治体職員が中心に行いますが、行政支援が間に合わない発災直後は教職員が避難所設営にあたることも考えられます。避難所で何が起こり、どう対応するべきか知っておくことも大切ですから、研修の機会を用いて取り組んでみることも重要です。

(3) **参考となるホームページ**

（一社）防災教育普及協会のホームページ
（https://www.bousai-edu.jp/info/kyouzai-list/）

第2章 発生時の危機管理

第1節 初期対応

> **POINT**
> - 児童生徒は「おはしも」を守って避難させる
> - 避難誘導、残留者の捜索、校内確認の手順は同時並行で行う
> - 点検の手順を詳細に確認し、訓練しておく
> - 学校外で身の安全を図るため行動、判断ができるように訓練、指導する

1 学校管理下における対応と留意点

① 一次退避後の避難と校内確認

　第1章では、地震発生時の対応とそれに資する対策・訓練について説明してきました。ここまでしっかり取り組めれば、発災時における校内の安全性は相当に高まることが期待できます。ここからは、揺れが収まり校庭などへの避難時に取り組むべき内容について解説します。

　揺れが収まった後、児童生徒を校舎内から校庭などへ避難させる際、校内の安全を確認し、誘導（実際には同時並行で）しますが、誰がどんな手順で校内の安全を確認するのか、また、放送機器が使えないことが多く、その場合どう連絡するのかも事前に手順を考え、確認・訓練しておく必要があります。

　児童生徒は、「おはしも」（おさない・はしらない・しゃべらない・もどらない）を守って避難させます。その際、教員は誘導するとともに手分けして残留者の捜索を行います。残留者や行方不明者の捜索は、点呼後に行う手順が多いですが、その場合、危険がある場合でも校舎に戻る必要が生じます。それを避けるために、余震に注意して、できるだけ漏れなく校内を確認しながら退避し、避難完了時に合わせて校舎内の見回りも終えていることが望ましいといえます。その際、動くことができる教員で、どう手分けするのか、誰がどのように見回るのかを柔軟に対応できるよう、また、誰でも同じように校内確認ができ

るよう手順を共有し訓練しておく必要があります。例えば、3階に3クラス3名の教員がいるなら、2名は避難誘導し、1名が点検にまわるなどの工夫が考えられます。

　点検者による校内の退避確認時には、各教室やトイレなどの中まで入り、声を掛け、死角がないように見回る必要があります。児童が恐怖で掃除ロッカーに隠れていることもあり得ますし、気を失って死角に倒れていれば、入口から声を掛けるだけでは、反応がなく見過ごしてしまうでしょう。見回った後はチョークで扉に印をつけるなどして、確認済の場所が一目でわかるようにするなどの工夫も必要です（写真2-1参照）。さらに、けが人や身動きがとれない児童生徒、教職員等を発見した場合、どのように知らせるのか、どのような内容（意識やけがの有無、応援の要否など）を伝えるのかも、事前にある程度考えて決めておく必要があります。

写真2-1

見回り完了が一目でわかるようにチョークで印をつける

コラム　スクールバス送迎中の対応

　災害時に限らずスクールバスの送迎中にトラブルに遭い、通常とは異なるルートを選択する場合、送迎担当者は、学校と連絡をとりながらルートの情報を踏まえて判断していきます。しかし、災害時には通常のトラブル時に加えてルートに関する情報が得にくいこと、通行止め等の影響が広範囲にわたること、学校や家庭との連絡がとれない可能性などが考えられます。

　そうした中で、仮に学校と連絡がとれない場合にも、学校としての判断と対応が求められます。戻るか、進むか、最寄りの避難場所に避難するか、こうした場合の判断基準について学校と送迎担当者、家庭で方針を事前に共有しておきましょう。その際、「児童生徒の命を守る」などの大目的を確認し、対応フロー等に記載しておくこと、いくつかの選択肢を用意しておくことが重要です。大規模災害時には正常な判断が難しくなり、例えば「とにかく早く保護者に引き渡す」といったことを目指して、無理を重ねるなど誤った判断に陥ることがあります。先述のとおりバス内に最低限の備蓄をしておくことやルート上の避難場所の確認をしておくことも、対応の選択肢を増やすのに役立ちます。

2 学校管理時間外における対応と留意点

　学校管理時間外すなわち、平日の児童生徒が下校後から登校前や休日に地震が発生した場合にも、まずは身の安全を図ることが大切です。児童生徒は、日頃から避難訓練で取り組んでいる身の守り方やその判断を参考として、どこにいてもとっさに「今どのようにして身を守るのか」判断して行動できることが必要です。そのためには、日頃の訓練での振り返り時間を設け、改善点を考えさせることが重要です。これは教職員についても同様です。また、保護者とも協力して、自宅の安全性を高める、緊急時の連絡方法を確認する、家庭内などでの身の守り方や安全な場所、避難方法や経路、避難先を決めておくといった対策を進めてください。

図表2-1　登下校中に地震が発生した場合（例）

児童生徒の行動	教職員の行動
○カバンや持ち物で自分の頭を保護する。 ○ブロック塀、自動販売機、建物、崖、宅地の法面からすぐに離れる。 ○登校中の場合は、自らの判断で、可能ならばそのまま登校、下校中の場合は、原則として安全に注意しながら下校する。登下校に不安を感じる場合には、近くの避難所等へ向かう。 ○交通機関が運休した場合は、交通機関からの避難指示に従う。 ○電話やメールが可能であれば、家若しくは学校に居場所を連絡する。 ○津波の被害が想定される場所にいる場合は、近くの高台や、高いビル、避難タワーなどに避難する。	○在校中の教職員は、放送やハンドマイクで校内の児童生徒に安全確保を働きかける。 ○既に帰宅している教職員は配備計画に従い、出勤する。 ○揺れが収まった後、状況を説明する。 ○誘導経路の確認後、児童生徒の人員確認を行い、既に登校している児童生徒（まだ下校していない児童生徒）を避難場所に誘導する。 ○登校していない児童生徒については、電話やメールで安否の確認を行う。 ○余震に気を付け、通学路、駅、避難所等で児童生徒の安否確認を行う。 ○本部で安否確認一覧表を作成し、教職員が情報を共有する。

特別支援学校での対策

POINT

・ヘルプマーク、ヘルプカードなどを活用して、子どもが自分で支援を求められるような防災教育を行う

　自力通学の子どもは普段の登下校中にも様々なトラブルに対応する経験を積むことができますが、災害時には周囲が混乱して要支援者への配慮が薄くなったり、電話で家族や学校に連絡できないことがあります。そのような場合、子ども自ら支援を求められる力が大切で、そのためには訓練が必要です。

　「援助要請力」や「受援力」と呼ばれるこの力は、卒業後の社会生活でも求められます。誰にどのように支援を求めるのがよいかなど、家庭と協力し、子ども本人と一緒に考えながら練習する機会をつくりましょう。説明にはヘルプマーク、ヘルプカード、緊急連絡カードなどを活用しましょう。支援を求める練習は、子どもの生きる力を伸ばし、自己理解を深める機会につながります。

図表2-2　ヘルプマークの記載例

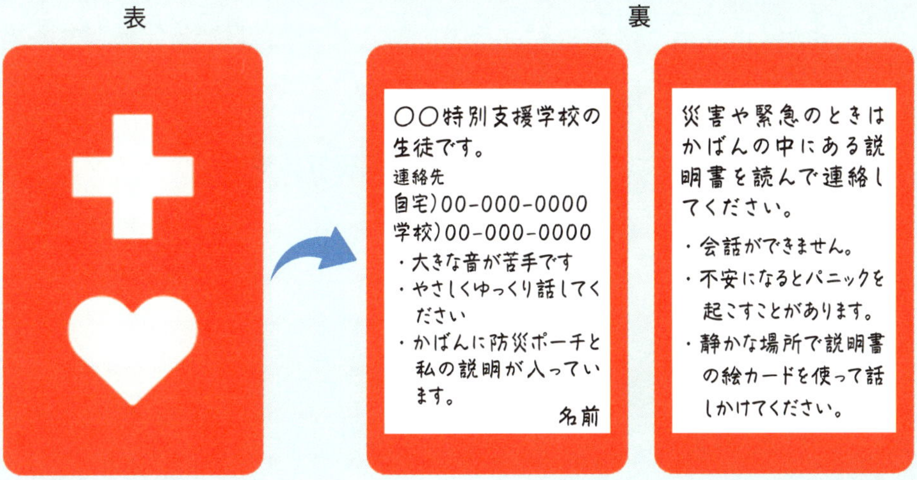

表

裏

○○特別支援学校の生徒です。
連絡先
自宅）00-000-0000
学校）00-000-0000
・大きな音が苦手です
・やさしくゆっくり話してください
・かばんに防災ポーチと私の説明が入っています。
名前

災害や緊急のときはかばんの中にある説明書を読んで連絡してください。
・会話ができません。
・不安になるとパニックを起こすことがあります。
・静かな場所で説明書の絵カードを使って話しかけてください。

※ヘルプマークはよく見える位置に付けるので個人情報の記載方法は保護者の方針に従う。
※苦手なこと、手助けや配慮してほしいことをシンプルに記載し、詳細を知るための手段を示す。
※大きく読みやすい字で、具体的にわかりやすく書く。

第2節 二次対応

POINT
- 大地震発生時における二次災害の可能性を認識する
- 二次災害発生可能性の判断材料と、災害種に応じた避難場所を確認しておく
- 放送機器故障時なども迅速に二次避難を行うための情報伝達方法を確認しておく
- 複数の避難場所、避難パターンを検討しておく

1 被害情報の収集と避難

　地震時に身の安全を確保し大きな揺れが収まった後、余震に注意しながら二次災害の可能性について判断します。校舎自体が大きく損傷している場合には、余震による被害の可能性を考慮して、屋外や別棟などへの退避が必要です。火災発生時の避難も同様です。また、沿岸であれば津波の襲来、土砂災害警戒区域やその隣接地域であれば余震による斜面崩壊なども考慮する必要があります。これを判断するためには、普段からどのような場所に学校が立地するのか、ハザードマップなどで確認しておくことが必要です。斜面に亀裂が入る、普段とは違う湧水や小崩壊など兆候が見られるなら、速やかな二次避難が必要になります。様々な状況の把握には、テレビやラジオ、広報無線やインターネットなどからの情報収集が必要となりますが、津波のように猶予時間がない災害の危険がある場所では、素早く二次避難を開始し、可能であれば同時進行で情報収集を行ってください。

図表2-3

想定するべき二次災害の例		
津　　波	□海からの津波	□河川を遡上して堤防を越えてくる津波
火　　災	□学校からの出火	□周辺の地域からの延焼・類焼
余　　震	□建物の倒壊	□非構造部材の落下・転倒・移動
その他の災害	□土砂災害　　　□液状化 □水害（堤防決壊、ダムの決壊、土砂ダムの決壊等） □雪害	□地盤（沈下、すべり、亀裂、擁壁の崩壊等） □原子力災害 ＊地域住民以外の避難者の可能性等も考慮

出典：文部科学省『学校防災マニュアル（地震・津波災害）作成の手引』

2 臨機応変な判断と避難（伝達方法の確認）

　揺れが収まった後どうするのか、建物の損傷が明らかな場合や火災の発生など、校舎内で安全が確保できない場合は、校庭などに避難します。被害が不明でも一度校舎を離れて安全を確認する方がよい場合もあるでしょう。ただし、降雨降雪時や積雪時など屋外の状況がよくない場合に、二次災害の心配がなく建物内で安全が確保できるのであれば、校庭避難が唯一の方法ではありません。状況による判断が必要となります。

　事前対策によって避難経路の健全性を確保しておくことが前提となりますが、状況に応じて事前に決めた手順に従い、避難経路の安全性を確認します。例えば、教室棟から経路を確認し職員室に戻り、報告、指示をもって各教室に伝達するなど手順を決めておいてください。近年の地震災害では放送機器が機能しなかった事例が多いです。トランシーバーやメガホンなどを使ってどのような手順で迅速に指示を伝達するのかについても事前に決めてください。

　避難は、原則的には事前に決められた経路に従って迅速に行います。

　ただし、津波や火災など二次災害の危険がある場合は、これら手順を待たずに、速やかに二次避難場所へ避難・誘導してください。

　学校を離れどこに二次避難するのかについては、ハザードマップなどを確認しながら、

図表2-4

二次災害	判断材料	避難場所
津波	□1分以上続く長い地震の揺れ □気象庁の津波警報・大津波警報 □学校周辺の状況（海の潮位の変化や河川の状況等） □学校が立地する場所や標高	近くに高台があれば高台 建物の高層階や屋上
火災	□校舎・校地の巡回 □学校周辺の状況（出火と延焼の有無、避難経路の状況） □市町村の災害対策本部からの避難指示 □消防署への通報と情報収集 □発災時の気象条件（風向、風速、湿度等）	校庭・公園などの広い空間 一時避難場所 広域避難場所 ※風上に避難（複数の方角に避難場所を用意）
余震による倒壊	□校舎・校地の巡回 □応急危険度判定士による判定 □学校の耐震化の状況	校庭 近隣の耐震性のある建物 落ちてこない・倒れてこない・移動してこない場所
その他 土砂災害 水害 等	□校舎・校地の巡回 □学校周辺の状況（避難経路の状況、車道や歩道の通行状況、河川の水位や濁り、崖の状況等） □学校の自然的環境・社会的環境	危険区域外の建物 緊急の場合は校舎上層階の崖から遠い部屋

それぞれの二次災害の判断材料となる情報と避難場所の例

文部科学省『学校防災マニュアル（地震・津波災害）作成の手引』より引用し、一部改変

安全な避難場所、経路を事前に決めておくことが必要です。状況により事前に決めた避難場所まで間に合わない場合、また、避難先から更に避難が必要になった場合（三次避難）を考慮し、複数の避難場所や避難パターンを検討することも併せて行ってください。各避難場所の管理者とは事前に協議し了解を得ておく必要があります。

特別支援学校における広域避難の検討

　大規模な災害で、中期的に日常生活を送ることが困難な場合は、被災地域にとどまるのではなく、インフラの整った遠隔地に広域避難するという方法もあります。遠隔地の自治体や特別支援学校と平時から連携をとっておき、大規模災害時には避難が可能な家族と教職員が一時的に生活と学校拠点を移して日常生活を送るという考え方です。

　この場合、家族単位での避難が必要になりますし、障害のある子どもにとっては大きな環境の変化を伴うことになります。しかし、インフラが止まった状態で、生活のための物資を集め、障害のある子どもたちのケアも継続するのは家族や支援者にとって非常に大きな負担となります。過去の災害では、障害の特性から避難所や親戚宅での避難も難しく、車中避難や壊れた自宅で生活した例も多数報告されています。それによって安定していた症状が悪化したり、二次障害につながったり、最悪の場合は災害関連死につながることが懸念されます。緊急的な対応として広域避難をする選択肢も準備しておけば、子どもは慣れ親しんだ友達や教職員と一緒に、避難先で平時に近い生活を送ることができます。その間被災地は復旧に専念することで、早期の再開を目指します。

　広域避難を実現するために、遠隔地の特別支援学校やPTA同士で定期的にオンラインでの交流を図る、修学旅行等で訪問し合う等、つながりを育てておきます。また、相互の助け合いができるよう、避難と受け入れの両方を想定します。受け入れのためには、教育や福祉関係者だけでなく、様々な分野のステークホルダーとつながっておくと効果的で、発災時には支援の輪が広がることが期待されます。こうした広域的な連携は、避難に至らなくとも、被災時の物資や人的資源の相互支援にもつながります。1つの手段として、検討してみてください。

3 複合災害・二次災害を想定する

　複数の性質の異なる災害事象が密接に関わりあって発生する災害を複合災害といいます。複合災害の定義は、はっきりしていませんが、次のような分類が考えられます。
　①任意の自然災害現象が連鎖的に別の自然災害現象を引き起こし被害が拡大する災害
　　　例：地震後の津波による被害、大雨後の地すべり
　②発生原因が全く異なる複数の自然災害が偶然重なることによる災害
　　　例：地震と台風、火山噴火と降雪
　③自然災害後に起こる人為的要因が大きい災害（二次災害といわれることが多い）
　　　例：地震後の火災、自然災害発生後の感染症の蔓延
　このような複合災害や二次災害全てを網羅してマニュアルを策定したり、訓練を行ったりすることは難しいと思われます。しかし、これらのことを想定しておくことは欠かせません。学校において「想定外」はありえないことから、想像力を働かせた研修や訓練を心掛けましょう。

第3章 事後の危機管理

第1節　安否確認

POINT
- 不在者情報の集約、共有のルール化により漏れのない安否確認を実施する
- 夜間、休日の安否確認実施のタイミングをルール化しておく
- 夜間、休日の安否確認では、双方向型の同報型メール配信システムの活用が有効
- 連絡メールは基本的な文案をつくっておく
- 連絡がとれない場合に備えて、複数の連絡手段を用意しておく

1　学校内での安否確認

　児童生徒が在校している時間帯での避難については、校庭などの一時避難場所や二次避難先など、安全が確保される場所までの避難が完了した後、点呼などによる人数確認と健康状態を含めた安否確認を行います。教頭を中心に行いますが、事前にサポート役を置くことを決めておき、役割を分散することが適切です。安否確認の際、避難の直前まで児童生徒や教職員のうち、誰がいたのか、いなかったのかについて確認できる仕組みを普段からつくっておく必要があります（第1章第2節コラム参照）。点呼時にいない者が早退なのか欠席なのか、それとも行方不明なのか、確実に判断できる材料が必要であり、いつ早退したのか（遅刻してきたのか）把握できる仕組みが必要です。早退や遅刻の情報を集約、共有し、避難時にはその名簿を持ち出すなどのルール化を図ることで、児童生徒の安否と行方不明者対策を確実にとることができます。

2　同報システムなどを活用した安否確認

① 教職員の安否確認

　夜間や休日などに災害が発生した場合は、近隣在住の教職員や管理職が速やかに学校に

参集するなどして、校内の確認や児童生徒の安否確認をする必要があります。その際、教職員の安否確認も同時に行います。同報メールやSNSのグループなど電話以外の方法で速やかに確認がとれるよう仕組みをつくり確認をとってください。これを実施するタイミングは、避難を要する地震の揺れがあった場合などと同様です。「〇〇市で震度5強以上の場合は自動的に安否確認を行う」といったルール化が必要です。

❷ 児童生徒の安否確認

保護者を通じて行う児童生徒の安否確認メールについて、通常教頭が送信することが多いですが、できない場合は教務主任が行う、難しければ次に誰が行うといったルールづくりと、事前に送信のスキルを持っておくことが重要です。また、送信する基本的な文案と質問項目をあらかじめ作成しておくことが有効です。

近年は多くの学校で、同報型のメール配信サービスに加入している場合が多く、これを活用して一斉に安否確認を行うことができます。同報メールは、質問を設定しこれに答える双方向型のものが有効で、回答があると自動的に集計まで行われます。安否確認の質問は「児童生徒のけがの有無」「家族の状況」「家の損壊があるか」「どこに避難しているか」などですが、まずは最低限の情報収集を行い、安全が確認されてから、改めて追加の情報収集を行うのが適切です。双方向型ではない場合は、Googleフォームなどを設定し、URLを同報メールで送信するなどの工夫をすることで同様の情報収集が可能です。

図表3-1　安否確認システム「オクレンジャー」の画面例

安否確認メール画面

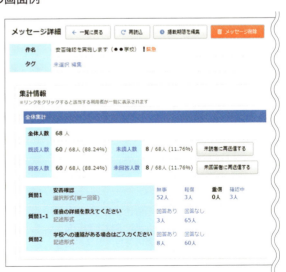

収集された情報の集計画面

提供：株式会社パスカル

このような災害時の同報メール等連絡を機能させるためには、保護者のメール登録を確実に行っておくことが重要です。2016年熊本地震では、本震の発生が４月16日であり新入生保護者のメール登録が不十分で、結果として安否確認に手間取った学校の事例もありました。４月の入学時と避難訓練実施時など年２回程度、避難訓練と合わせて確認の機会を設けるなどして確実な登録を行ってください。

　それでも連絡がとれない場合には、直接携帯電話などへ連絡し安否確認を行います。電話連絡は輻輳(ふくそう)して使えないことが多いため、同報メールが有効ですが、SNSのグループなど災害時に強い連絡ツールの活用など普段から複数の連絡手段を持つことで、確実な連絡をとることが重要です。また、日常の連絡もこれらを活用しておけば、災害時に使い方で困ることもありません。いずれも普段から準備し、使いこなしておくことによって、災害時のスムーズな運用が可能となります。

情報伝達手段の確保

　災害発生時に円滑に情報のやり取りを進めるためには、事前の準備と保護者への周知が不可欠です。大規模災害時には、通信インフラが制限されたり遮断されることを前提に、複数の連絡方法を準備しておきましょう。図表を参考に、アナログ～デジタル３つ以上の方法を確保したいところです。

家庭や地域との情報伝達・安否確認のいくつかの方法

	デジタル ⇐		⇒ アナログ
第１選択肢	連絡メール、学校HP	電話連絡網	貼り紙***
第２選択肢	Web171 SNS活用*	171** 個別電話連絡	メディア活用（コミュニティラジオ、ケーブルテレビなど）

*例えば災害時連絡専用SNSアカウント等。SNSは災害時と訓練時のみ稼働することとし、事前に開設して周知しておく。個人情報等は掲載しないよう発信できる情報の範囲を確認しておく。電話、学校のインターネットとも不通の場合は教職員の個人スマートフォンからも操作できる。

**災害用伝言ダイヤル（171）　学校の代表番号でメッセージを登録。体験利用を使った訓練も可能。

***掲示場所を決めておくことで、連絡がつかない保護者が危険地域に立ち入るリスクも減らせる。例えば、通学経路途中の公共施設、二次避難場所など

第2節 対策本部の設置

> **POINT**
> - まずは安全の確保。夜間・休日は無理な参集はせず、集まれる人数とタイミングで対応する
> - 安否確認と情報収集、次の行動への連絡調整の実施
> - 児童生徒への対応や学校業務を優先するなど業務のトリアージを行う

1 勤務時間内の対応

① 対策本部の設置と対応の考え方

　校庭などに避難し児童生徒の安否確認がとれた段階で、対策本部を設置します。津波などの二次災害の危険がある場合は、より安全な場所に避難してからとなります。対策本部では、安否情報の集約、校舎の被害等状況を確認、整理しながら、引き続き不明者の捜索や初期消火への対応を指示します。またその後、保護者への引き渡し準備と連絡、教育委員会との連絡、情報収集を行い、その後にとるべき行動の段取りを進めていきます。

　一方で、状況にもよりますが、報道機関からの問い合わせなどについては、緊急に対応すべき内容、若しくは対応する余裕がある場合を除いては、対応を後手に回してもかまいません。児童生徒への対応や学校業務を優先してください。

② 保護者への引き渡し準備と連絡

　学校に電話での問い合わせが殺到すると、対応に人員が割かれるだけでなく、重要かつ緊急の情報のやり取りに支障が出てしまいます。保護者の不安や問い合わせが増える前に連絡するためには、「災害が起きてから考える」では対応が遅くなります。家庭への状況連絡はできるだけ早く行えるよう準備をしておき、連絡メールやオンラインでの回答フォームを活用するなど、情報伝達にかかるリソースを最小化するように準備をしておきます。導入しているシステムに家庭からの返信が可能な双方向型であれば、活用方法もシミュレーションしておきます。操作についてわかりやすい説明資料を工夫することと、訓練を行って家庭にも慣れてもらうことが重要です。

家庭への連絡は、一度送って終わりではありません。時間経過とともに、次のように必要な情報を送ります。送信分のひな型をつくっておきましょう。
- 引き渡しの可能性あり。
- 引き渡しの決定。児童生徒の待機場所と注意事項（可能であれば保護者が引き取り者と到着時間を返信）
- 児童生徒の待機場所の変更／二次避難の開始、引き渡し場所の変更と注意事項

　こうした情報伝達の手順についても、マニュアルやタイムラインに記載しておきます。
　また、連絡メールが届かない、気付かない家庭も必ずあることを前提に対応を考えておきましょう。保護者の中には、自身が支援の必要な場合があります。最初から全て網羅しようとするのではなく、不足部分をカバーする方法を別途用意することで効率化を図ります。
　保護者と連絡がとれない場合は、連絡をとろうとすることにこだわるのではなく、引き渡すことができるまで児童生徒を安全に預かることに注力しましょう。

2　夜間や休日の対応

　次に、夜間や休日などに災害が発生した場合は、安全が確保できる最小限の人員によって対応を行うこととなります。無理に遠方や危険を冒して教職員を集めることは二次災害につながります。集まれる人数とタイミングで対応することが原則です。
　教職員が集まるのと並行して、対策本部を立ち上げます。最初に、安否確認については同報システムなどで、学校外でも可能であれば発災後即座に実施しますが、難しければ学校にシステムを扱える教職員が参集後、直ちに実施してください。その後、対策本部は手分けして校内施設・設備の安全性確保、災害情報の収集、教育委員会等関係諸機関との連絡などに取り掛かります。避難者がすでに学校に集まっており、行政の職員がいない場合は、市町村のルールにもよりますが、可能な範囲で安全を確認したうえで、施設管理者として体育館の開放など行います。

3　対策本部の活動内容

　災害発生時は、多くの対応を限られた教職員で迅速に行っていくことが必要です。対策本部は保護者、教育委員会のほかに、消防、警察などとの連絡調整も迅速に行わなければいけません。対策本部の主な活動内容は下記のとおりですが、すぐに優先してすべきこと、余裕があればやれる範囲で対応すればよいことを本部として理解し、業務のトリアージを行ったうえで、手際よく進めていくことが必要です。

主な活動内容	参　照
児童生徒・教職員の安否確認・安全確保	第3章第1節
施設・設備の安全性確認	第3章第5節
災害情報の収集	第3章第2節
関係諸機関との連絡・連携	第3章第2節
保護者への引き渡し対応	第3章第3節
帰宅困難児童生徒対応	第3章第3節
避難所開設の対応	第3章第4節
児童生徒・教職員の心のケア	第3章第6節、第7節
学校再開準備	第3章第5節
学校の被害、学校再開準備状況の情報発信	第3章第5節

その他必要に応じて、ないしは可能な範囲での対応

・避難所の運営の補助
・支援物資の対応
・メディア、各種問い合わせへの対応
・ボランティアの対応

第3節　集団下校・引き渡し

> **POINT**
> - 集団下校は児童生徒の安全を最優先に状況に応じて対応する
> - 引き渡しの手順・連絡方法を取り決め、保護者へ事前に周知しておく
> - 保護者の利便性と交通混乱の解消を考えた対策を講じる
> - 事前アンケート等で帰宅困難児童生徒数をある程度把握したうえで、必要な物資の準備、待機場所を確保する
> - 指定避難所との棲み分けなど、行政や地域住民と話し合って決めておく

1 集団下校

　次のような場合等には集団下校を行う必要性が出てきます。大きな地震発生後の集団下校は、児童生徒の安全確保を最優先に、迅速かつ冷静な対応が求められます。

a）学校施設の安全が確保できない
b）ライフラインの長期停止が予想される
c）交通機関の復旧の見通しが立たない
d）地域の避難所として学校を開放する必要がある
e）行政からの指示がある

① 集団下校のメリットとデメリット

　状況に応じて、集団下校と学校待機のどちらが適切かを判断する必要があります。この判断には、「地震の規模と被害状況」「学校施設の安全性」「周辺地域の状況」「児童生徒の人数と学年」「保護者の状況」「行政からの指示」などを考慮し、それぞれのメリットとデメリットを考えて判断することが必要です。
　事前に両方のシナリオを想定した防災計画を立てておきましょう。

集団下校のメリット・デメリット

メリット	デメリット
・家族との早期再会が可能 ・学校の資源・資材（食料、水など）の節約 ・家族と過ごす心理的安心感の提供 ・学校施設を避難所として活用が可能	・下校中の二次災害リスク（余震、倒壊など） ・教職員の負担増加（引率、安全確保） ・保護者不在時の対応が困難 ・通信手段不調時の連絡調整が困難

学校待機のメリット・デメリット

メリット	デメリット
・集中的な安全管理が可能 ・情報収集・伝達が容易 ・組織的な対応が可能（食料配布、救護など） ・保護者への一括引き渡しが可能	・長期化した場合の資源の不足 ・児童生徒の心理的ストレスの増加 ・学校施設の被災時のリスク ・教職員の長時間勤務による疲労

❷ 集団下校の準備と注意点

⑴ 準備物

クラスごとなど次の携行品をまとめておくと、他の災害の避難時にも使えます。

児童生徒名簿、保護者連絡先リスト（引き渡しカード）、ハザードマップ、メガホン又は拡声器、トランシーバー、ホイッスル、懐中電灯、救急セット、ラジオ、水と非常食、携帯トイレ、タオルなど。

児童生徒は余震の備えや気象状況によってヘルメットや頭巾、防寒具、雨具などがあるとよいです。

⑵ 事前打合せ

避難前の打合せとして、次のような内容が考えられます。発災当日に全てを行うことは困難なことから、常日頃の安全確認として可能な範囲で実施しましょう。

分　類	チェック	内　容
状況確認		地震の規模・被害状況の把握
		学校建物や周辺地域の安全確認
		児童生徒のけがや体調不良の有無確認
役割分担		全体統括者の決定
		担当教職員の割当（学年・クラスや地区ごと）
避難経路と下校方法		メインルートと代替ルートの確認
		危険箇所の把握と回避方法の検討
		下校グループの編成
安全確保策		隊列方法
		点呼と健康状態確認のタイミング
		休憩場所と頻度の設定

緊急時対応		余震発生時の一時避難場所の確認
		負傷者発生時の対応手順
		道路不通時の代替ルート選定方法
保護者対応		連絡手段の確認
		引き渡し場所と手順の確認
		引き渡しできない場合の対応方法
情報収集・伝達		災害情報の入手方法
		教職員間の連絡方法
		児童生徒への情報伝達方法
下校後のフォロー		全児童生徒の帰宅確認方法
		翌日以降の教育活動の伝達

(3) 集団下校時の注意

児童生徒には集団下校の必要性や、道中では落ち着いて行動することを促してから出発しましょう。

①出発前に全児童生徒の体調を確認し、歩行困難な児童生徒への対応を決める
②定期的に休憩をとり、児童生徒の体調と周囲の状況を確認する
③危険な場所（倒壊のおそれがある建物、土砂崩れの危険箇所）を避けて歩く
④常に集団をまとまった状態に保ち、列の前後を2人で引率するなどして、はぐれる児童生徒がいないように注意する
⑤停電で信号が点灯しない交差点や横断歩道では特に注意し、車両の通行に気を付ける
⑥余震に備え、広い場所や頑丈な建物の近くを歩く

2 引き渡し

❶ スムーズな引き渡しの方法

無事に避難し、児童生徒と教職員の安全が確保された後は、校庭にとどまるか、若しくは校舎の安全確認後に校舎に戻って、保護者への引き渡しへと移行します。引き渡しは、保護者の理解と協力がなければうまくいきません。そのためには極めてシンプルなルールをつくり、それに慣れてもらえるかが成否のカギとなります。

実際の引き渡しにおいて、保護者の多くは、自宅からの来校よりも、職場から直接、しかも、車で来校することが予想されます。校内に十分なスペースがある場合でも、出入口を分けた一方通行方式（写真3-1参照）で入構し、駐車してもらうことが最善です。周辺道路からの進入、退出路を含め一方通行で済む計画を立ててください。また、その方法を事前にしっかり保護者に周知しておくことが必要です。忙しく混乱する災害発生時に多

くの教職員を車両誘導に割くことは避けるべきです。そのために、保護者参観など、平常時の来校の機会に同様のルールで運用し、保護者に慣れてもらうことが大切です。

一方、学校の駐車スペースや周辺道路が狭い場合などは、車両での来校を禁止しても、近くまで来て路上駐車することが懸念され、かえって交通障害となるなど混乱が予想されます。このような場合、例えば、近くの量販店などと提携して、駐車スペースを確保し、そこから歩いてもらうことをお願いする方法が有効です。実際にいくつかの学校ではこの方法を採用し、大変好評です（写真3-2参照）。

写真3-1　ドライブスルー方式の例

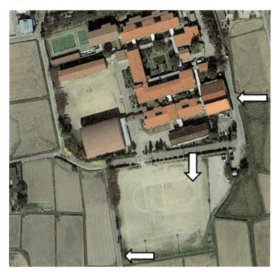

引き渡しの車両はグラウンドに駐車。グラウンドの金網を一部外し、非常用出口を新設。入口と出口を分離し、一方通行（左写真の矢印）とすることでスムーズな出入りを確保する

写真3-2　近隣の商業施設の駐車場を利用する例

学校提携の商業施設に駐車して徒歩での迎え（約500m）を周知。車両使用を禁止するよりも保護者の理解を得られる

❷ スムーズな引き渡しの工夫

実際の引き渡しは、全員の引き渡しが完了するまで長時間かかることが予想されるため、残留する児童生徒の人数が減ってきたら、場所を集約するなど弾力的な運用が必要となり

ます。これに合わせて引き渡し場所も変更となりますが、これを事前に保護者に説明してもスムーズな実行は難しいでしょう。このため保護者には、「誘導標識を掲示するから、校内に入ったらそれに従ってください」とだけ伝えます。こうしておけば、学校側の都合で引き渡し場所を校内で変更する場合でも、誘導標識をパイプ椅子に貼り付けて、それを移動すればよく、誘導員の配置も不要です（写真3-3参照）。

写真3-3　誘導標識の例

駐車後、構内の引き渡し場所を誘導する工夫。誘導標識を紙に印刷してラミネート加工しておくと雨天時でも使える

　このようにシンプルなルールをつくり、事前に保護者と共有します。保護者会などを訓練機会として、引き渡し方法に慣れてもらうことで、スムーズな運用が可能となります。

特別支援学校での対策

　特別支援学校は学区が広域のため、引き渡し時間が長くなります。スムーズで確実な引き渡しを行うために、実践的な訓練を行い、多様なアイデアを集めて改善を重ねましょう。

POINT

- 広域学区のため、引き渡し時間が長くなる。引き渡せない子どもが残ることも前提に考える
- 学校周辺と学内の動線、子どもたちの待機場所を工夫する
- 家庭や地域の協力のもと訓練を行うことが最も効果的。年1回は実際の状況に近づけた訓練を行う

　都心部以外では、自家用車で送迎を行う保護者がほとんどです。車での引き渡しがスムーズになるよう、学校の近隣から校内に至る一方通行のルートを設定し、保護者にも事前に説明をします。校内では、学校規模と立地条件によって引き渡しの方式が決まります。主に、駐車方式（車を駐車して保護者が校内に迎えに行く）と、ドライブスルー方式（車を校舎に横付けして次々に子どもを乗せていく）があります。引き渡しの方法については、連絡時のメール等に記載する簡易な説明文を準備しておきます。

　子どもたちの待機場所は、クラス単位から1か所に全員を集める方法まで複数の選択肢があります。引き渡しの時間短縮と子どもたちが安心して待機できる環境を勘案して選択します。規模の大きい特別支援学校では、体育館などに全員を集めて長時間待機するのは現実的でない場合が多く、最初は学年や部ごとに待機し、ある程度時間がたったら出入口に近い1か所に集約する、という方法がおすすめです。また、待機中に教職員は保護者との連絡や発災への対応が必要になります。屋外での誘導も必要になりますから、あらかじめ誰がどの役割を担うか、教職員が少ない場合は何を優先するかを決めておきます。複数担任制の場合はそれを生かして、子どもたちが落ち着いて待つことができる方法も検討し、訓練に取り入れましょう。

図表3-2　中規模校・集約型ドライブスルー方式の例

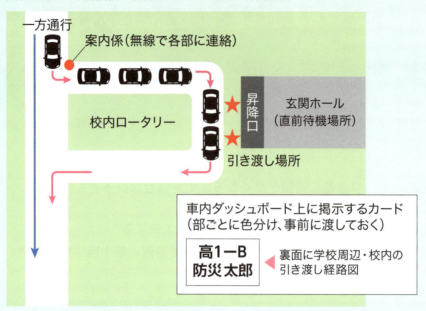

図表3-3　大規模校・分散型ドライブスルー方式の例

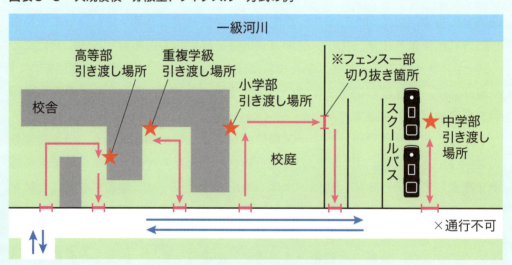

※引き渡しルートの確保のため、校庭フェンスの一部を切り抜いた。

特別支援学校では、教職員・子ども・保護者のための実践的な引き渡し訓練は必須です。行事等に合わせて一斉に引き渡し手順を確認する訓練を行っている場合も、別途、実践的な訓練の機会をつくりましょう。引き渡し訓練では、保護者に定められた発災時間に自宅や職場を出発してもらい、学校到着までのタイムラグと学校周辺の混雑状況などを確認します（ただし、実際には道路渋滞やきょうだい児のお迎えなどで訓練よりも時間がかかります）。訓練の日は、事業所やスクールバスによる送迎、自力下校なども取りやめて、実践的な訓練を行いましょう。実地訓練以外にも、連絡メールを使った模擬訓練（メール送信時点で引き渡しを開始した場合、あと何分で学校に到着するか返送してもらう。メールの返信状況から、災害時の保護者の動きを想定することができる）も可能です。

　近年は災害が頻発しています。リスクが高まった場合には、訓練にもつながると考えて積極的に引き渡しを行いましょう。一方、引き渡しの回数が多くなると保護者の負担感が増します。子どもの命を守るという最優先の目標を繰り返し共有し、保護者の災害に対する意識を高めることで協力体制をつくる必要があります。

　学校防災マニュアルやタイムラインを策定する際は、引き渡しについても入れ込んでいくと、想定がしやすくなります。

検討しておくとよい点

- 引き渡しの判断、連絡方法
- 引き渡しカードの管理と配送方法、引き渡しカードに記載のない人が来た場合の対応方法
- 引き渡しカードの紛失や不携帯の場合の対応方法
- 保護者の動き（特に車の場合の学校周辺、校内のルート）、車の駐車場所と誘導方法
- 一定時間経過後、残った子どもたちをどう待機させるか？
- 学童、放課後等デイサービス利用の子どもの引き渡しの判断と方法
- 「引き渡さない」判断もあり得る。自宅や送迎ルートが危険な場合、学校や二次避難先にとどまる

図表3-4　引き渡しカードの例（3年更新）

（表）

非常時対応連絡カード

小・中・高・にじ	氏名			通学ルート（所要　　分）
22年度　年　組　番	住所			自宅→(徒歩)→A 駅→(電車)→B 駅→(徒歩)→学校→(送迎)→放デイ
23年度　年　組　番				
24年度　年　組　番	電話			

引き渡し可能な人	氏名	続柄	日中連絡先（電話）	連絡先名称	送迎方法（通常所要時間）
	1　○○○○○○	母	XXX-XXXX	株式会社○○	車（　　分）
	2　○○○○○○	父	XXX-XXXX	○○苑	車（　　分）
	3　○○○○○○	祖父	XXX-XXXX-XXXX	携帯・自宅	電車・徒歩（　　分）
	4　○○○○○○	叔母	XXX-XXXX-XXXX	携帯・自宅	バス・徒歩（　　分）

利用事業所等（連絡先）	A放デイ　　（　XXX-XXXX　）	B医療センター　　（　XXX-XXXX　）

障害に関する事項	その他
障害の状態と対応方法、支援方針、持病（アレルギー・てんかん等）、服薬など	追加の情報：追加引き渡し可能者と連絡先、事業所・主治医等の情報、非常時に引き取りできない可能性、きょうだい児の送迎状況など
	非常時の対応：持ち出し品（保管場所）、避難先の情報など

（裏）

引き渡し履歴
※表面の「引き渡し可能な人」であることを確認してから引き渡す

訓練	日　時	引き取り者サイン	備考
	年　月　日　時　分		
	年　月　日　時　分		
	年　月　日　時　分		
	年　月　日　時　分		
	年　月　日　時　分		
	年　月　日　時　分		
	年　月　日　時　分		
	年　月　日　時　分		
	年　月　日　時　分		
	年　月　日　時　分		

A6サイズで防水紙に両面印刷。
3年ごとに小1、小4、中1、高1で作成して、他の学年は年度初めに確認をする。
太枠内は保護者が記入。障害に関する事項、その他は学校が保護者に確認をして記入する。

3 帰宅困難児童生徒への対応

① 事前準備と対応

　発災時には、公共交通機関や道路は混乱し、スムーズな引き渡しが難しいことが予想されます。当然、帰宅困難児童生徒の発生が考えられます。このため、児童生徒の引き渡しから連続的に、かつ、並行して帰宅困難児童生徒の対応へと移行していきます。また、学校は避難所となることが多いため、避難所との棲み分けも必要となります。体育館や一部の教室は、地域の避難所として行政の管轄となります。これを考慮して、あらかじめ学校として使う場所を分けて決めておくこと、行政や地域住民と校内の利用方法について事前に話し合いを行い、共通理解を得ておくことが大切です。さらに、食事や暖房、毛布、照明などをどうするのか、事前の準備が必要です。準備については、学校独自の予算を準備するのはなかなか難しいため、保護者会の支援を得るなどして、入学時に非常食と水を準備するなど工夫している学校も多数あります。

　一方で、そもそも全校児童生徒が帰宅困難になることはまれです。事前にアンケートなどにより、児童生徒の家庭の状況などを調査し、保護者の職場が遠く、すぐには迎えに来られず、帰宅困難になる可能性があるなどの個別の状況を把握（例えば、全校の20％程度など）しておくことで、待機場所の決定や物資などについて、最低限の人数分の準備から始めることができます。

　また、支援する教員側も同様に、帰宅する必要がある人を除いて、対応できるおよその人数を把握し、その人数でできる帰宅困難児童生徒の支援体制をつくっておく必要があります。学区域や交通事情にもよりますが、通常の学校であれば、丸一日以上預かることはまれでしょう。迎えに来た保護者と帰宅せずそのまま学校の避難所にいくようなケースはあるとしても、多くの場合、発災の翌日には全児童生徒の引き渡しが完了すると考えられます。

特別支援学校での対策

> **POINT**
> ・広域学区のため帰宅困難となる子どもが多くなることを前提に準備する

　すでに述べたように、特別支援学校は広域学区のため帰宅困難となる子どもが多くなることが想定されます。また、学校から自宅への経路を考慮すると、学校にとどまる方が安全な場合もあります。送迎ルートが危険な場合は、無理にお迎えを要請するのではなく、保護者の安全を優先させなければなりません。

　一方で、校内での待機に居室として寄宿舎や自立活動室を使用できる場合があります。数日間子どもたちが残留する場合に、どこでどのように生活をするか、誰がその支援にあたるのか、障害特性に合わせて何が必要になるかをシミュレーションしておきましょう。子どもたちが帰宅困難となることを想定した体験学習は、被災後の生活訓練としても有効です。ある学校では寄宿舎と協力し、サバイバル体験や避難所宿泊体験を行っています。

第4節 避難所協力

> **POINT**
> - 学校は教育施設であることを念頭に置き、避難所開設とその後の運営を図る
> - 児童生徒の安全確保を最優先に考える
> - 市町村防災担当部局との連携・協議を事前にしっかりと行っておく
> - 避難所としての安全確保と必要な資材の備蓄・点検を行っておく
> - 運営にあたっては、地域住民や関係機関との情報共有を密にし、連携を強化するとともに、可能な限り行政と住民主体で行い、教職員の負担軽減に配慮する

1 避難所協力の事前準備

　避難所の開設・運営は、原則として市町村の防災担当部局や福祉担当部局等が担うものです。しかしながら、これまでの大規模災害の事例を見ると、交通、電気、通信が被害に遭い担当の自治体職員が避難所である学校に到着し、避難所開設と運営までを行うまでにはかなりの時間を有することがわかります。そこで、発災直後は教職員が避難所の開設と運営について地域住民に協力して実施する必要があります。

　あくまでも教職員の主たる役割は児童生徒の安全確保、早期の教育活動の再開、そして安定した日常生活を取り戻すことです。児童生徒は学校という拠り所があることで、心の平穏を回復・維持することができます。

❶ 関係機関・地域住民との連携・協力

(1) **市町村防災担当部局との連携**

　避難所開設・運営時の役割分担、情報の共有方法、運営マニュアルの策定等について防災担当部局と協議する必要があります。教育委員会と防災担当部局間の協議のみで学校にその内容が伝わっていなかったり、学校周辺地域の過去の災害発生状況、被害状況を把握

し、被害規模を推定することを怠った例もあります。必ず、防災担当部局と直接協議を行うことで、実行性の高いものにしましょう。

(2) 地域住民との連携

自治体は地域住民に対しては、指定避難場所としての周知と避難所での過ごし方についての簡単な案内をすることが必要です。学校は、車での避難の可否、ペットの同伴の可否などの情報を、自治体に提供することが考えられます。地区の避難訓練を行う時には、実際に学校を避難所とした想定の訓練も有効です。また、プライバシーに配慮しながら地区自治会や民生委員と連携して要配慮者への個別支援計画を一緒に作成しておくと、避難所運営の際に役立ちます。

さらに、夜間や早朝に災害が発生した場合に誰が学校や防災倉庫などを解錠するかを取り決めておく必要もあります。また、体育館以外にも避難者数や避難者の状況に応じて適切なスペースや必要な設備を提供することも考えられます。

(3) 医療機関、福祉機関等との連携

発災時には、医療体制の確保や障がい者、高齢者等への配慮が必要となります。緊急時にどのような指示や助言を行うのかを、初期対応にあたる教職員が理解していないと混乱につながります。

② 避難所運営マニュアルの作成と見直し

市町村教育委員会や学校によっては、学校安全保健法に基づき学校防災マニュアルと併せて避難所運営方針が記載されていることがあるかもしれません。これについては、自治体の防災マニュアルや避難所開設・運営マニュアルとの整合を図っておく必要があります。具体的には開設・運営の手順、避難者受入れ、物資管理、衛生管理、安全対策等などです。マニュアルは法令・制度改正、地域の実情、地区の区長など地域住民の意見等を踏まえ逐次更新することが大切です。

また、災害種によって開設や運営が異なることを考える必要があります。地震以外にも、台風や大雨に備える事前避難、原子力発電所の事故による避難などのケースも学校の立地を考えながら作成する必要があります。

東日本大震災時には国道を通行中の人々が、能登地震では帰省中の人々が避難してくる例もありました。観光地であれば、観光客の受入れの可否や人数を自治体と一緒に検討することも考えられます。このように地域住民以外の人々の受入対応も新たな視点として加える必要があります。

❸ 必要な資材の備蓄・点検、施設の整備と改修

　原則として資材の備蓄とその管理は自治体が行います。しかし、保管場所が校内である以上、備蓄品の種類やその数、管理については学校が全く関与しないことはありません。自治体の点検時には立ち会うなどして、現況の把握をしておきましょう。特に自治体職員が到着する前に、備蓄品を配布する必要性が出てくる可能性は高いです。過去の災害では、自治体職員が複数の避難所を掛け持ちしていたり、救援物資が届くまで1週間近くかかったりすることもありました。この場合計画的な配布が必要になります。

　また、本来備蓄されているべき物資がなかった事例、備蓄していても管理が行き届かずに使えなかった事例、避難所に備蓄せずに他所から運び込む予定だったが交通路が遮断されて運搬できなかった事例があります。このような事例に学んでおくことで、自治体、学校、地域の安全性を高めることができます。

　さらに、備蓄品も地域住民のためのものと、児童生徒のためのものとを別々の場所に分けて管理しておく方が賢明です。児童生徒が発災後そのまま学校待機になっている場合や、臨時登校させた場合の物資が必要となるからです。

　避難所としての機能を果たすには、施設の整備・改修を考える必要があります。避難スペースのゾーニングは特に大切です。児童生徒の学習空間と避難所としてのレイアウトをどのようにするかを決めておく必要があります。受付場所を決め、そこからの動線をどのように計画するのかは、行政や地域住民と相談しながらあらかじめ決めておきましょう。学校では、体育館を避難所として開放する学校が多いと思われますが、東日本大震災の際には体育館の窓ガラスが破損して、体育館が使えない例も散見されました。飛散防止フィルムを貼るなどの対策はすぐにできる対策です。

　また、ステージ上のピアノの落下や、体育館の照明器具や排気ダクトの落下などもありました。高所や大型の設備については、定期的な検査と点検を業者等にお願いしましょう。

　さらに、段差の解消や家具の固定なども二次災害を防ぐことにつながります。できれば、車いす用のスロープを設けることや、夜間でも見える反射テープを利用した誘導表示などを整備しておくと出入口での混乱を避けることにもつながります。どの災害でも問題になるのはトイレです。洋式トイレへの改修や仮設トイレの設置場所の検討、要配慮者への対応なども考えておく必要があります。

写真3−4　窓ガラスが割れた体育館

災害時のトイレ問題、避難所の課題解決を目指す取組

　2024年1月1日に発生した令和6年能登半島地震では、多くの人々が不便な避難生活を送られる様子が衝撃的でした。その中で避難所機能は2011年の東日本大震災などと比較してもあまり改善がなされておらず、特に急性期におけるトイレなどの衛生面、利便性改善は喫緊の課題といえます。

　信州大学教育学部附属松本小学校（以下、同校）は、松本市の指定避難所となっているため、発災時には多くの地域住民の避難が想定されています。そこで、同校では校舎の機能改修の機会を活用し、特に避難所開設時には要支援者が利用する機会の多い校舎一階部分について、避難所にも資する設備の改修を実施しました。実施内容は、玄関から体育館までのバリアフリー化、多目的トイレ並びにユニバーサルシートの設置、自己発電方式の自動水栓、レジリエンストイレ（災害配慮トイレ）の設置などです。ここでは、特にレジリエンストイレについて取り上げます。

●避難所トイレの課題

　断水時の避難所トイレは、洗浄にプールの水を活用することが多いですが、その運搬は昼夜を問わず行う必要があるため、大変な労力となります。また、高齢者や幼児がバケツで流すことは重労働であり、こぼれたり飛び散ったりなど衛生環境の維持も大変です。

　一方、仮設トイレは設置などは簡便ですが、段差があり高齢者には負担が大きいこと、運搬・設置まで時間を要すること、多くの利用により数日で満杯となることなど、利用者の負担や運用側の課題も多く存在します。

●レジリエンストイレ（災害配慮トイレ）の機能と効果

　レジリエンストイレは株式会社LIXILが開発したもので、排水に開閉弁を用いることで、災害時には1Lの水（通常時は5L）で流すことができる機能を持ちます。利用者は500mLのペットボトル2本分を用意すればよく、洗浄時に衛生面での問題も起こりにくいです。緊急時の設置も不要で管理者側の負担も軽減され、また、満杯になることもありません。なによりも通常どおりのトイレをそのまますぐに使えるため、利用者はストレスなく利用できることに最も価値があります。

　一方、これら有益なトイレの設置など避難所としての工夫を行っても、避

難者が知らなければ意味がないため、同校では実際に避難する住民組織と協働で、トイレなどの活用方法も踏まえた避難所開設・運営訓練やリーフレットづくりを行っています。また、在校児童にもレジリエンストイレの利用体験を通じて機能を知ってもらい、総合的な学習の時間を活用し、避難所の課題を考える授業に積極的に取り組んでもらっています。これら施設設備の改修と利用者の理解やスキルアップを通じて、役立つ避難所整備や運用を目指しています。

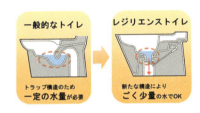

上：レジリエンストイレと開閉弁式の仕組み
中：プールから直接水を汲み、バケツでトイレを流す体験
下：ペットボトルの水の運搬をリレーで体験

❹ 避難所運営の知識、スキルを高める研修の実施

　学校の教職員も誰が避難所の開設や運営に協力することになるかわかりません。係を決めておくと、その教職員が不在である場合に後手にまわることも考えられます。また、教職員やその家族が被災してしまい身動きができなくなることも考えられます。多くの教職

員が対応にあたることができるように、避難誘導、受付、避難者対応、衛生管理等の基礎的な理解や、応急手当であるCPR（心肺蘇生法）、AEDの使い方について研修しておくことも大切です。

また、被災者の心理的な支援として、傾聴、共感、情報提供についても理解を深めておくと、避難所運営の安定やPTSD（心的外傷後ストレス障害）の軽減につながります。

コラム　HUG（避難所運営ゲーム）

HUGは、避難所運営をみんなで考えるためのアプローチとして、静岡県が開発した主に自治体職員のための図上訓練でした。現在はいろいろなところで改良されたり、工夫された形で実施されたりと広がりを見せています。このゲームの基本はチームを組んで、避難所を運営する立場として様々な課題をクリアするための方法を制限時間内に考えるものです。例えば、ゾーニングの検討は課題の一つです。現在ではこの課題（シナリオ）に基づいて、参加者がロールプレイングとシミュレーションを行うものに発展している事例もあります。

学校施設のゾーニング（例）

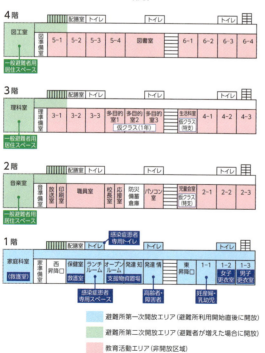

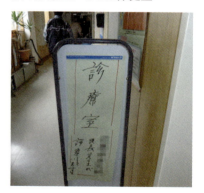

仮の診療室になった保健室

文部科学省『学校の「危機管理マニュアル」等の評価・見直しガイドライン』より引用し、一部改変

2 避難所開設と運営

　避難所の運営は、住民で構成する避難所運営委員会などの自治組織で行うことが基本です。しかしながら、避難所の開設及び当初の運営については教職員が業務の多くを担うことが予想されます。避難してきた人々は不安を抱えたままの生活となります。よって、迅速かつ柔軟な対応を心掛けるとともに、避難所は避難してきた人たちだけのものではなく、支援センターとしての役割や在宅避難の支援も行うことも考慮しながら、運営に参画することが大切です。

① 避難所の開設

　避難所としての開設が決定したならば、直ちに避難所運営マニュアルに従って開設準備に取り掛かります。大まかな流れは図表３−５のとおりですが、これらの業務を少人数で行うことは困難です。柔軟に教職員を割り振り、地域住民の力を借りながら準備を進めます。開設するにあたっては指示伝達の方法を整理するとともに、その場での個々の判断が必要です。

　特に初期段階では迅速な対応が求められます。避難者の中には生命にかかわる方や高度な配慮が必要な方も避難してきます。避難距離にもよりますが、このような方々は得てして避難に時間がかかることがあります。これらを考慮しながら避難スペースの確保や緊急対応の順位付けを行う必要があります。

　また、避難者の不安を少しでも和らげるにはこまめな情報提供が必要です。災害時には誤情報も多く流れるため、公式情報を優先的に確認してください。新たな情報がなくても定時に「次の情報は○○時に掲示します」と告知があるだけで、避難者の落ち着いた行動につなげることができます。口頭だけではなく、掲示等で情報提供を行うように努めてください。

図表３−５

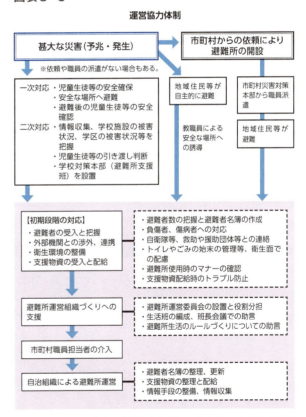

出典：『学校安全ポケット必携』東京法令出版

事　項	内　容
市町村防災担当部局からの指示	関係機関への連絡
避難所の設営	校舎、体育館などの安全確認
	使用するスペースの開放と整備
	避難経路の確保、誘導表示の設置
	備蓄品の確認と配布準備
	情報収集・発信のための設備準備（ラジオ、掲示板など）
	衛生環境の整備（仮設トイレの設置など）
	要配慮者（高齢者、障がい者、乳幼児など）のためのスペース確保
受入体制の確立	避難者の登録と情報収集
	要配慮者への対応（関係機関への連絡）
	当面の避難スペースへの案内・誘導
	必要な備蓄品の配布
	避難所内の秩序維持の支援
情報の提供	災害状況、避難情報、支援情報等
	避難所開設情報、物資配布情報等

❷ 避難所の運営

　避難所の開設が長期に及びそうなときには、避難してきた人々による自発的な運営が必要です。その際、教職員の役割分担を明確にし、避難所運営と教育活動の両立を図ることが重要です。まずは、避難所エリアと学習エリアを明確に分離し、児童生徒の安全と学習環境を確保することです。可能な限り、体育館や特別教室を避難所として優先的に使用し、普通教室への影響を最小限に抑えましょう。児童生徒たちにも可能な範囲で避難所運営への協力を促し、防災教育の機会とすることも一つの手立てです。柔軟な授業時間の調整（例えば、午前中は授業、午後は避難所支援など）を行う、オンライン学習やまとめ学習など柔軟な方法で学習の継続性を確保する、避難者と児童生徒の交流の機会を設け互いの理解を深める、などの準備と対応により学校は教育機関としての役割を果たしながら、地域の防災拠点としても機能することができます。状況に応じて柔軟に対応することが重要です。

　おおむね避難所運営では、教職員は自治体への支援にまわることが予想されます。例えば、次のような事柄を想定しておくとよいでしょう。

- 避難者数や状況の定期的な報告（避難者数、高齢者・障がい者等の要支援者数）
- 必要物資の要請（物資の不足状況と見込み）
- 健康状態の把握と報告（感染症予防を含む）
- 避難所内の秩序維持の支援（警察、消防等との連携）
- 避難者への自治体情報の伝達
- 人的支援の要請（避難誘導、受付、避難者対応、衛生管理等）
- ボランティアの受入れや調整の支援
- その他（炊き出し、物資配布、災害廃棄物仮置き場の提供など）

　熊本地震で課題となった自家用車による避難生活にも配慮が必要です。自家用車での休息や寝泊まりでエコノミー症候群を発症する事例や、心身に不調を訴える事例が多く報告されています。加えて、自宅避難している人々も体調不良を訴える人が多く現れ、関連死に至る事例もありました。このような形で避難している人たちへの健康状態の把握にも気を付ける必要があります。児童生徒を通して情報収集し、関係者に伝えることもこれらの関連被害を小さくする一つの手段です。

　さらに、これまでの避難所運営の課題として、女性視点の重要性も報告されています。トイレや更衣室の問題、洗濯物を干す場所の選定、授乳や保育施設の確保などについても学校側の施設をうまく提供する工夫が求められます。女性の避難所運営マニュアル作成への関与と避難所運営委員等への参加を促し、誰もが納得する生活を送れる工夫が必要です。教職員からも女性が参加することで、より視野の広い準備と運営が期待できます。

③ 教職員の勤務で留意すべき点

　大規模災害では、教職員（警察、消防も含めた自治体職員も）自身あるいは家族が被災者となっていることが多いです。避難してきた人々は、発災直後はどうしても目の前の被害に目を奪われ、「住民サービス」としての業務を求めがちになります。このような場合、特に管理職は避難者に対して、災害の前では皆が被災者であることを丁寧に説明し、教職員の本来の使命は児童生徒の安全確保と学習環境の整備であることを理解してもらい、避難所運営についての協力を求めましょう。

　教職員は使命感と高揚感から教職員としての役割、避難所運営の役割、そして自らの生活再建を進めようとしますが、心身に負担がかかり体調不良につながるおそれがあります。これまでの震災でも、教職員の被災と長時間の長期にわたる勤務は非常に重要な問題と指摘されてきました。教職員のケアと適切な勤務管理は避難所運営と教育活動の継続において大切な要素です。そのためには次のような対策が考えられます。

- 教職員の安否確認システムの構築（災害発生直後に迅速に教職員の安否と家族状況を含めた確認ができるシステムを事前に構築しておく）
- ローテーション制の導入（教職員を複数のチームに分け、シフト制で勤務するシステムを構築し、連続勤務時間に上限を設ける）
- 外部支援の積極的な活用（自治体やボランティア団体との連携を強化し、避難所運営の一部を外部に委託する）
- 明確な役割分担と業務の優先順位付け（避難所運営と教育活動の両立のため、業務の優先順位を明確にし、過度の負担が特定の人（特に管理職、養護教諭、庁務職員）に集中しないようにする）
- 教職員のケア体制の構築（定期的に教職員の健康状態と精神状態をチェックする仕組みをつくる。また、休憩スペースや仮眠施設を確保し、適切な休息をとれるようにする）
- 柔軟な勤務体制の導入（在宅勤務や時差出勤など、状況に応じて柔軟な勤務形態を認める）
- メンタルヘルスケアの提供（スクールカウンセラーや外部の専門家と連携し、教職員のメンタルヘルスケアを行う。ピアサポート（同僚同士の支援）の仕組みを構築する）
- 定期的な状況報告と情報共有（教職員全体で定期的にミーティングを行い、状況を共有し、問題点を早期に発見・解決する）

このような対策を講じながら教育活動の正常化と地域の復旧・復興を教職員は担う必要があります。

特別支援学校での対策

特別支援学校は、一般避難所に指定される場合、福祉避難所に指定される場合、避難所に指定されないものの避難者が集まる場合があります。

POINT
- 在籍する子どもや卒業生、地域の要支援者が家族と一緒に避難してくる可能性がある
- 福祉避難所に指定された場合は行政と事前の取り決めをしておく

在籍する子どもや卒業生の家族は慣れ親しんだ特別支援学校に避難したいとのニーズを持っています。一般の避難所では生活できない地域住民が特別支援学校を頼りにすることも考えられます。受入れの可能性がある場合は、要支援者が多く集まることを想定して、事前に避難所のレイアウトを考えておくとよいでしょう。例えば、熊本地震で避難所となった熊本かがやきの森支援学校では、地域住民と在籍する子どもたち及び卒業生の避難エリアを分け、地域の要配慮者への対応も含めて運営を行った等の事例があります。この事例では、平時からの地域との関係づくり、避難者に対する丁寧な説明の積み重ねなどの学校側の努力と、地元自治会の協力体制によって、エリアを分けた運営を継続できたことがうかがえます。

●福祉避難所

　福祉避難所に指定された場合、事前に提供するスペースや受入人数について行政と相談し、取り決めます。災害時には、発災から数日のうちに行政から開設の要望があり、行政から振り分けられた要支援者が福祉避難所に移動する、というのが基本的なルールでしたが、直接福祉避難所に避難する方針に変更されました。一般の避難所と異なり、要支援者を受け入れることで介護用設備やケア用物資、ケアにあたる人材などが必要になります。学校はあくまでも場所を提供することになりますが、外部からの支援がないままに避難者が来た場合、学校内の人的物的資源を提供せざるを得なくなります。こうした資源についても行政でどのような準備を行っているか、確認しておくとよいでしょう。

　2021年5月に「福祉避難所の確保・運営ガイドライン」が改定され、「指定福祉避難所の受入対象者を特定し、特定された要配慮者やその家族のみが避難する施設であることを指定の際に公示できる制度」が創設されました。学校の施設・設備を勘案して、受入可能な要配慮者についても、行政と相談して決めておきます。また、福祉避難所は一般の避難所と異なり、地域の自治組織による避難所運営が期待できません。例えば、トイレの衛生管理など施設の管理に関することを誰が担うのかも、事前に確認ができるとよいでしょう。行政と協力して福祉避難所の開設訓練を行っておけると安心です。

第5節　学校再開へ向けて

POINT
- 学校再開後までを見据えた学校BCPを策定する
- 対応方針を確認し、学校再開に向けた組織づくりを行う。その際、学校の対応について記録を残しておく
- 特定の教職員に過度な負荷がかからないよう、業務内容と分担を確認する
- 急がず、焦らず、一歩ずつ。学校が安心できる場所であるよう、日常生活を積み重ねる
- 体を動かす、歌を歌う、絵を描くなどの活動や達成感につながる簡単な学習からはじめる

1 学校再開へ向けて準備すること

学校で想定しておくべき災害時の対応の流れは次のとおりです。

①事前の危機管理（発災前の日頃の準備）→②発災時の対応（初動対応）→③発災後の対応（二次対応・避難所開設支援）→④学校再開までの対応（復旧）→⑤学校再開後の対応

現状の学校防災マニュアルは、このうち二次対応までの記載にとどまっている場合が多く、被災後の学校再開後の対応まで検討しておく必要があります。

❶ 学校BCPの策定

実際に災害が起こると、いったん学校から全ての児童生徒を家庭に引き渡した後も、学校再開に向けてすべきことが山積みになります。例えば、児童生徒と教職員の状況把握、校舎の復旧、学習に必要な用具の準備、通学路の安全確保、外部との連絡調整などです。そのほかに休校中の対応として、児童生徒と家庭への情報提供、児童生徒の心身のケア、教職員のケア、一時的に転校する児童生徒への対応、避難所対応などがあります。

早期の学校再開を目指すためには、これらの対応を組織的に進めていく必要があります。組織的に進めるためには、あらかじめ起こり得ることを想定してタスクと手順を洗い出し、復旧と再開に向けた体制をマニュアルに記載しておくことが有効です。

そのため、こうした一連の流れを想定しながら、地域や学校の特性も踏まえた学校BCP（Business Continuity Planning）を念頭に置いたマニュアルを作成しておきましょう。BCPとは「事業継続計画」のことで、災害などの緊急時に、その影響を最小限に抑え、中核となる業務を継続して早期復旧するための方法や手段を取り決めておく計画です。被災後には大量のすべきこと、考えるべきことがあります。あらかじめ想定できることについては、マニュアルに優先順位を付けて記載することで学校再開に向けた負荷を減らすことができます。

なお、BCPについては、学校だけでなく教育委員会等でも作成する必要があります。管轄する学校の状況を確認し、学校再開の判断や、校舎が利用できない場合の対応など、学校と連携して対応を図るための体制、手順や判断基準を決めておきます。

❷ 児童生徒と家庭の状況把握

学校再開までに、定期的に児童生徒と家庭の状況を把握します。被災直後の状況と、学校再開時の状況は変わることが多いため、再開時期が決まったら、学校再開にあたっての不安や困りごとを改めて確認しながら、取りこぼしなく再開できるよう準備を進めます。

家庭への確認事項	●児童生徒と家族の安否 ●児童生徒の心身の健康状態 ●自宅の被災状況、避難先	●連絡先と連絡方法 ●学校再開に向けた心配ごと ●学校再開時の通学手段

こうした確認は、Webアンケートなどを用いるのが効率的ですが、困難度の高そうな家庭や連絡がとれない家庭から優先的に状況を確認する必要があります。電話等で直接児童生徒の声を聞くことも重要です。直接声を聞くことで、付加的な情報が得られるほか、双方の安心につながります。さらに、校内体制が整ったら、避難所や家を二人一組のチームを組んでまわるなど、児童生徒の様子を直接確認しましょう。

❸ 校内設備の状況把握と環境整備

まず、校内の破損などの被害状況を確認し、再開に向けて利用できる事物と利用できない事物を把握します。確認すべき項目は、あらかじめマニュアルに記載し、リストを作成します。特に水道とトイレが使えるかは再開の可否に直結するため、最初に確認します。校舎の構造や外階段・窓・配管などの付属物の安全性については、教職員で危険箇所を発見するほか、専門家の協力を得て応急的に安全性を確認してもらいましょう。教室が使用できない場合は、特別教室などを柔軟に活用します。

教室	電気、通信機器、備品、学用品
職員室等	PCやコピー機等の事務機器、放送機器、電話やインターネットなどの通信機器、書類等
保健衛生環境	トイレや水道等の衛生状況（被災時には衛生状況が悪化するため、感染症等への対応を図る）、支援が必要な子どものための物資、保健室の備品

　学校再開に向けた避難所運営については、あらかじめ地域や行政と確認し、BCPに反映させておきましょう。一時的に教室などを開放している場合は、学校再開の期日を明確にして、その日までに教室が利用できるよう、行政が移動先を手配し、避難者と地域の理解を得る必要があります。

　校舎での学校再開が困難な場合は、他の学校等を間借りすることになります。受入校の教職員との協力体制や設備・備品の利用について、教育委員会等主導で確認、整理します。受入校は児童生徒に十分な説明をします。その際、被災した児童生徒を一律に「かわいそうな子」と捉えるのではなく、被災体験を経て違う校舎に通うという強さに着目し、ともに支え合う仲間として捉えられるような関わりを促したいものです。

④ 地域と通学路の状況把握

　地域の被災状況について把握します。特に通学路の安全確保は重要です。道路の路面、アンダーパス、歩道橋、車道との区分ができているか、余震によって更に倒壊するおそれがある建造物がないか確認し、通学路や通学方法の変更も含めて検討します。被災後には治安の悪化も懸念されることから、登下校時の見守りについても、地域や家庭、避難所避難者との協力が欠かせません。

⑤ 事務的対応

　前述の児童生徒と家庭の状況、校内の状況、通学区域の状況については、行政や教育委員会への報告が求められます。休校時、避難先での一時的・恒久的な転出・転入の手続き、不足する学用品等の手配、給食の手配など、あらかじめ報告すべき項目がわかっていれば、マニュアルに反映します。発災後の学校の対応については、いつ、どこで、誰が、何に、どのように対応したか記録しておきましょう。この記録は、その後の報告や検証において、学校が適切に対応したことを示す根拠になります。

　関係機関や行政から収集すべき情報については、あらかじめ確認すべき項目とその入手先をリスト化しておきます。被災後にはデマを含めた様々な情報が流れます。学校の対応に影響する情報についてはうわさや伝聞ではなく一次情報を確認しましょう。児童生徒や

家庭には、重要な情報は学校から定期的に知らせること、曖昧な情報は真偽を確認してほしいことなどを伝えておくとよいでしょう。

また、家庭だけでなく、マスコミ等の外部からの被災状況の問い合わせや、ボランティアを受け入れる場合などの対応も必要になります。こうした対応を複数の教職員で行うことができるよう、情報共有を図ります。

⑥ 教職員のケアとチームづくり

災害後に被害状況がわかり、通勤可能な教職員が参集した段階で、復旧と学校再開に向けたタスクと役割分担を再確認します。教職員の中には、学校の復旧に専念できる場合と、家族のケアのため勤務が難しい場合があります。この段階で、被害状況や教職員のマンパワーを勘案してその後の計画を立てます。

教職員の中には、被災後に責任感と使命感から、様々な課題への対応を一手に引き受けてしまう人が出てくる場合があります。このような教職員には学校内外、ときには被災地外からも様々な要望が寄せられ、過度な荷重がかかる傾向があります。被災後の教職員の自主的な働きについては見えづらい部分がありますが、児童生徒や家庭、地域の支援は業務の一環として捉え、業務量と業務時間が過重にならないよう配慮する必要があります。災害時には通常と異なるパワーが発揮されることがありますが、そのような状況が継続すると、本人が自覚せずに心身に長期的な影響を及ぼすことがあるためです（教職員の心のケアについては、第3章第7節参照）。

クラスの児童生徒と家庭への対応と再開準備についても、担任だけに任せるのではなく、チームで取り組むことが大切です。児童生徒について気がかりなことは、学内外の専門職に相談できる体制をあらかじめつくっておきましょう。学外との連絡調整の役割は複数人で担い、情報共有できる体制づくりを目指しましょう。これは、例えば、教頭が常に学校にいなければならない、といった状況をつくらないようにするためです。以上のような支え合うチームづくりのためにも、学校として取り組むタスクと役割の確認は重要です。

一般的にチームが最大のパフォーマンスを発揮するためには、個人や組織の「強み」を生かせる環境と、それらを「つなぐもの」が必要です。「つなぐもの」としては、"共通の目標"、"協働しようする意思"、"コミュニケーション"があります。学校では、児童生徒の学びと育ちを支えるための教職員の「大切にしたいこと」や「願い」も大切です。学校でのチームづくりは日常の学校運営の中で培われていきますが、被災後は折に触れてこれらを確認するとよいでしょう。

再開前には、教職員が顔をそろえて状況を共有し、再開後の対応を確認し、相互に抱えている疑問や不安をできるだけ解消するための時間を必ずとりましょう。被災した児童生徒のケアや学校再開後のクラス運営の方法に精通した教員はほとんどいません。被災後に、

学校としての対応方針や知識を確認する手順を踏むことで、こうしたハードルを下げることができます。もし、そのために学校再開が一日遅れるとしても、教職員へのケアや共通認識が不十分なまま再開するのは得策ではありません。

❼ 児童生徒と家庭への説明

　子どもは学校の再開を楽しみにしています。その反面で、日常が一変してしまった被災後の生活の中で、再開後の学校生活に不安も抱えています。まずは、教職員間で確認した「大切にしたいこと」や「願い」を、児童生徒と保護者に丁寧に伝えることが重要です。

　学校から連絡がない状況は、児童生徒や保護者の不安につながります。学校再開まで時間がかかる場合は、定期的に、学校の状況や教職員が復旧や再開に向けた準備を進めていることなどを伝えましょう。例えば、「火曜日と金曜日に一斉メールと学校前の掲示板でお知らせをします」のように具体的に示すことで、家庭の不安や混乱を少なくすることができます。被災後は家庭との連絡がとりにくくなるため、第３章第１節「安否確認」を参考に、一斉の同報型のメール配信サービスも活用して状況提供手段を準備しておくとよいでしょう。

　学校再開が決まったら、登校するハードルをできるだけ下げられるよう、丁寧な説明と情報提供をしましょう。子どもは、思わぬ理由で学校に行きづらくなることがあります。例えば、ランドセルや制服がなくなってしまった、学用品がそろわない、友人に会うのが怖い、弁当を持っていけない、家族と離れることや被災した通学路が怖い、などです。こうした不安は、学校を通じて対応できる場合も少なくありません。学校としては、まずは安否や心身の状況を知るため、友人や教職員との再会のために学校に来てほしい、と考えるのが当然でしょうから、そのことを伝えます。

2 再開後の取組

❶ 安心できる場づくり

　被災によって、児童生徒も教職員も、多くの喪失を体験しているかもしれません。

　第一に、学校が安心できる場所、行きたくなる場所であることが大切です。「いつもの学校生活」という日常を、一日ずつ積み重ねていくことが、未来につながります。

　学習面では、被災後は集中することや複雑な物事を考えることが難しくなります。休校によって遅れてしまったカリキュラムを取り戻そうとするあまり、学校が楽しい場所でなくなってしまっては本末転倒です。最初は学習や発達の過程を巻き戻す感覚で、ゆったりとしたペースで日々を積み重ねましょう。

　体を動かしたり、歌を歌ったり、絵を描くといった活動は、児童生徒の心身の安定につ

ながります。学校再開直後は、カリキュラムを柔軟に捉え、児童生徒の意見も取り入れながら一日の活動を決めていきましょう。

　学習に集中することで、不安が一時的に取り除かれ、心の安定につながる児童生徒もいます。簡単な計算練習や漢字の読み取り、読書など、児童生徒の個々の学習進度に合わせて達成感を積み重ねる学習から始めます。

❷ 学校活動での心のケア

　学校活動の中でも、児童生徒同士の日常会話の中でも、被災に関する話題を避けることはできません。それによって二重三重に傷つく子どもがいないよう、大人は配慮する必要があります。被災後の児童生徒の反応に心配がある場合は、保護者や専門職と問題を共有して、教職員が一人で抱えないことが大切です。被災後に児童生徒が普段と異なる反応を示すことは異常ではありませんが、災害のストレスによって粗暴になったり、虐待や暴力などの二次的被害を受ける場合もあります。複数の大人が関わり、児童生徒が相談しやすい環境づくり、困りごとを話せる機会づくりをしましょう。災害後の児童生徒の反応や心のケアについては、第3章第6節を参照してください。

　児童生徒が被災体験を話し始めた場合は、児童生徒の話を遮らずに傾聴します。こうした出来事は、予期せぬきっかけで始まり、他の児童生徒に派生していくことがあります。このとき大人が動揺してしまうと、被災体験を話し始める機会を奪ってしまうことにつながりかねません。一度「話していけないことだ」と感じ取った児童生徒は、以降、被災体験について話しにくくなってしまいます。ですから、被災についての話題にどう対応するかあらかじめ教職員同士でシミュレーションし、落ち着いて対応できるよう準備をしておきます。

　被災レベルは人によって違いますが、体験や気持ちを仲間と共有し、言葉にしていく機会は児童生徒の力になります。話し合いを行う場合は、話し合いのルールを決めてから始めるとよいでしょう。例えば、話を遮らない、仲間を非難したり攻撃したりしない、話したくないときは無理に話さなくていい（パスをしてもいい）、話し合いの場を避けてもいい、仲間の気持ちをわかろうと努力する、などです。ルールも、児童生徒との話し合いで決められると、よりお互いの気持ちや要望を知ることができます。また、平時から傾聴のスキルを教えておくと、児童生徒同士の支え合いに役立ちます。

　一方で、学校活動の一環として無理に被災体験を話させることは避けなければなりません。被災体験の話し合いに加わることが心身の負担になる場合は、話し合いに加わらなくてもいいという逃げ場をつくっておきましょう。また、被災体験やそれに対する児童生徒の受け止めを直接的に否定したり批判することも控えましょう。子どもの反応には理由があり、ありのままを受け入れ、変化を見守る姿勢が大切です。例えば、他者を傷つける言

動が見られる場合は、その言動を直接的に批判するのではなく、大人自身の気持ちを伝えたり、他の児童生徒の気持ちを代弁する方法もあります。

　亡くなった児童生徒について話をするのは、大人にとっても困難で苦しいことです。しかし、喪失体験を曖昧にしたまま「いつもの学校生活」を送ることはできません。大切なのは「うそをつかない」ことで、児童生徒の発達段階に合わせて先述のように傾聴と共感的理解を大切にコミュニケーションを続けましょう。喪失体験からの回復には時間と他者の存在が重要ですから、学校やクラス全体で時間をかけて日常を取り戻していくほかに、特効薬はありません。

第6節　子どもの心のケア

POINT
- 災害時の普段と異なる子どもの行動は自然な反応であることを理解する
- 心身ともに安心して過ごすことのできる環境を整えることを目指す
- 発災直後だけでなく、長期的な視点でのケアが必要
- 学校、保護者だけでなく専門家を含めた長期的な支援体制の構築が必要

1　ストレス反応の理解

① 災害時のストレスによって何が起きるのか

　災害を体験するということは、突然、命が脅かされるような恐怖を感じたり、大切な人を失ったりといった、非常に大きなストレスにさらされるということです。図表3-6に示したように、私たちは日常生活の中でも日々何らかのストレスを感じ、これに対処しています。リラックスした時間を過ごしたり、おいしいものを食べたりするなど、ストレスを軽減するための対応が上手にできている時は、特に困ることなく過ごすことができています。しかし、災害時は、突然大きなストレスが一気にのしかかる状況になるため、これらのストレスへの対処ができず、様々なストレス反応が現れるようになります。このように、災害時にストレス反応が生じることは、ごくごく自然なことであると理解しておくことが重要です。

　災害時は、災害そのものによってもたらされる恐怖やショックな体験のほかに、多くの喪失を体験することにもなります。喪失は、大切な人や物、場所や思い出だけではなく、目標や希望も同時に失っていくことが少なくありません。また、そのストレスも様々な反応を引き起こします。

　さらに、災害後の生活の変化によるストレスにも目を向ける必要があります。慣れない避難所生活での負担感や仕事や自宅についての不安や心配は、長期にわたり継続したストレスとなってきます。生活の中でのストレスは、災害そのものによって経験した恐怖などに比べれば大したことはないと判断されてしまいがちです。しかし、日常、慢性的に続い

ている（ストレスの蓄積）という意味で看過することのできないものです。

図表3-6　ストレス反応のイメージ

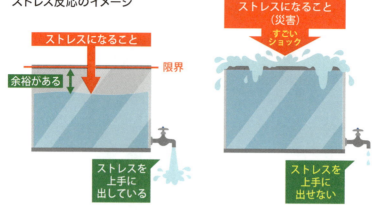

2 子どもに見られるストレス反応

　危機的な出来事に直面した子どもたちが強い不安を感じたり、いつもと違う反応や行動を見せたりすることは自然なことです。緊急時は、泣いたり、落ち着きがなくなったりする子どもがいる一方で、全く感情を示さなくなる子どももいます。ここでは、子どもの変化に気付きやすくなるため、また、変化に慌てずに対応できるようになるために、子どもによく見られるストレス反応について整理しておきます。

からだの変化

　ストレスを抱えた際に、からだの不調を訴えることは珍しくありません。災害時も様々な訴えをすることが予想されます。よく見られる反応としては、頭痛、腹痛、足腰などの痛み、吐き気、倦怠感、息苦しさ、便秘や下痢などがあります。そのほかにも、地震災害の後などは、体がいつも揺れていると訴えることなどもあります。また、睡眠に関する変化では、子どもの場合、怖い夢を見たり、睡眠中におびえた様子や泣き叫ぶなどの姿が見られることがあります。食に関する変化では、拒食や過食のほか、味を感じないなどの味覚の変化を訴えることもあります。

　なお、からだの変化については、器質的な疾患が隠れていることがありますので、最初からストレス反応と決めつけることなく対応していきましょう。

心の変化

　心の変化とは、気持ちや考え方に現れる反応と捉えることができます。気持ちの変化では、恐怖や不安、悲しみや落ち込みを感じるほか、ちょっとしたことでもイライラしたり、常にソワソワしてしまうということもあります。また、楽しい、悲しいなどが何も感じられない感覚や、周囲に友達や家族がいてもひとりぼっちのような孤独感が生じることもあります。考え方の変化では、集中できなくなったり考えがまとまらなくなったりすることがあります。学校での学習の様子などは変化に気付きやすい場面です。遊びに集中できな

い、些細なことでも決められない、選べないなどの姿からも変化をキャッチすることができます。そのほか、災害時のことを突然思い出したり、逆に思い出せなかったり、すぐに忘れたりするなどの様子も見られます。また、自分を責める考え方が強くなることや、自分のせいで災害が起きたように考えることもあります。

行動の変化

　行動面では、落ち着きがなくなり、過剰にはしゃぐ様子が見られることがあります。これらの反応は、一見すると元気な様子に見えるため見落とされやすいサインでもあります。さらに、怒りっぽくなったり、乱暴な行動をとるようになることもあります。また、人との関わりを避けて閉じこもることもあります。そのほか、退行現象といわれる赤ちゃん返りの反応が見られることも少なくありません。小学校高学年や中学生の退行現象では、それまで自分できちんと行っていたことをやらなくなるなど、わがままな行動が増えたと感じるかもしれません。

発達段階による違い

　子どものストレス反応の現れ方は、人により様々ですが、発達段階による一般的な傾向を確認しておきましょう。幼児期では、身体症状の訴えのほか、些細な刺激でおびえたり、かんしゃくを起こすことが増えたり、それまでひとりでできるようになっていたトイレや食事、着替えなどができなくなることがあります。小学校低学年では、身体症状とともに、小さな子のように親にまとわりついて離れなくなったり、落ち着きなく動き回ったりすることが増えたりします。小学校高学年から中学生や高校生の年代になると、気持ちが沈んで元気がなくなったり、学習成績の低下や友人との関わりを避ける様子が見られたり、ときには非行行動に至ることもあります。

長期的な視点での理解の必要性

　心理的な問題や困難さを感じるのは、発災直後だけでなく、数年経過してから現れることもあるため、早急な対応のほかにも、長期的な視点でのケアも必要となります。発災から1か月、1年、10年など節目の時期に、心身の状態が不安定になりやすくなることがあります。これらは、アニバーサリー反応（記念日反応）ともいわれ、災害時の体験が日付と一緒になって記憶されていることが要因の一つで、意識していなくてもその日付が近づくにつれて様々な不調が生じやすくなるものです。落ち着いていた症状が再びぶり返されたり、それまでなかった症状が数年後に何かのきっかけにより突然生じたりすることもあるため、怖いという感覚になる人も少なくありません。まずは、この反応も誰にでも起こり得る自然なものであることを知ることが不調の軽減につながります。

❸ ストレス反応が強く現れやすい人の特徴

　災害時にストレス反応が現れることが自然であることは、これまで述べてきたところで

す。しかし、同じ体験をしてもどのようなストレス反応が現れるかは人それぞれです。さらに、その反応が現れる際の強さも人によって異なるものです。強い反応が現れやすい人の特徴を理解しておくことで、子どもの早期かつ適切な支援につながりやすくなります。

　まず、災害時に自分や家族の命の危機を体験した子どもや救助までに長時間にわたり恐怖にさらされた子どもには、反応が強く現れることが多いです。そのほか、災害前から様々な困難を抱えて生活している子どもたちがいます。元々、心配や不安の感情が強い子どもは、遠くの地で起きている災害でも、そのニュース映像などを目にするだけで非常に強い不安に駆られ、ストレス反応を示すことがあります。大人にとっては、絶対に心配ないと感じている環境でも、子どもにとっては危機を感じている可能性があることを理解することが必要です。また、このほかにも発達特性を抱えている子ども、家族との関係に苦慮していてサポートが得にくい子どもなどは、反応が強く現れやすいといわれていますので、丁寧な見守りによって変化をキャッチし、専門家などへの相談を早めに行っていきましょう。

2　子どもの心のケアのポイント

　子どもの心の回復のためには、できるだけ安心を実感できる環境で過ごせるようにすることが大原則です。どのような気持ちを抱えていても安心してそこにいてよいと思える環境づくりが大切です。大人は、様々な反応が出ないように対応するのではなく、子どもが安心して反応を出せるようにするというスタンスでいることが落ち着いた対応につながります。

① 安心安全が感じられる環境づくり

　子どもの環境づくりを進めていくうえで、第一に子どものそばにいる大人の存在について考えておくことが必要です。大人は、子どもにとっての環境です。できるだけ子どもに安心感を与えられる姿でいることが重要であり、大人が慌てふためかないということがポイントです。大人が落ち着きを失っている姿は、それだけで子どもの不安を増幅させます。災害時は大人も不安や悲しみを抱えます。不安や悲しみがあることは当然であり、その気持ちを消そうとしたり抑え込んだりする必要はありません。安心感を与えるというのは、無理に明るくしたり、笑わせようとしたりすることではありません。まずは、様々な感情を抱えながらも、落ち着いて子どもに対応するということを心掛けるだけで、子どもの安心につながっていきます。また、ストレス反応が現れることは自然であるとの理解が大人の不安を低減させてくれます。さらに、ストレス反応には、一見わがままになってしまったと感じるような行動が見られます、甘やかしてはいけない、こんな時だからこそ許して

はいけないという気持ちになることもあるかもしれませんが、そのような心配は不要です。子どもが安心できるということを目指した時にはどのような対応がよいのか、常にこの視点で考えて対応していきましょう。

さらに、災害時においても可能な限り、子どもたちがこれまでの生活で行ってきた日課や習慣を継続できるようにし、遊んだり、学習したり、休息したり、家族や友達と過ごせる機会や場所をつくることを心掛けてください。誕生日のお祝いなど喜ばしいことを控えたりする必要もありません。普段どおりの生活ができるということは、それだけで災害による危機的状況を脱したと感じられることにつながります。その意味でも、学校の再開は、子どもの心のケアにとって重要な役割を果たすこととなります。

❷ 子ども自身のコントロール感の回復

災害の経験により物事に対するコントロール感の喪失を経験することで、無力感や不安感を抱きやすくなることがあります。少しずつでもできることに取り組むことにより、無力感が薄れ、自分にもできることがあるのだというコントロール感を取り戻していくことができます。子どもを助けたいという思いから、何でも手をかけてあげたくなることもあるかもしれません。しかし、学校や避難所において、子どもたちが役割を持って活動できる場をつくるということは必要です。小さなことでも、自分からできるようになるという感覚を持つことが回復につながっていきます。学校の学習場面でも、小さな「できた」「やれた」の体験を積み重ねていけるようにしたいものです。また、選択や意志決定の場もコントロール感の回復には有効です。子どもが選んだ遊びを一緒にする、学習プリントを自分で選べるなど、生活の中の些細と思われる選択や意志決定の場も大切にしていきましょう。

❸ 子どもの気持ちの受け止め方

子どもたちが安心を感じられるためには、周囲の大人が気持ちを上手に受け止められると効果的です。そのためのポイントとなる点をここでは整理しておきたいと思います。

ネガティブな感情を受け入れる

子どもにとって、理解してもらえた、わかってもらえたと感じられることが安心につながります。そのためには、自分のあらゆる感情を否定されることなく聴いてもらえたという体験が重要になります。大人がネガティブな感情を上手に取り扱うという視点を持つことができると効果的です。ネガティブな感情というのは、生理的には不快感覚を伴うため「なくすべきもの」「感じることはよくないこと」と捉えられていることが多くあります。しかし、ネガティブな感情にも機能があり、感じることは自然なことでむしろよいもので

す。ネガティブな感情を感じてよいものであるとの認識が持てると、子どもが災害時の体験を話し始めたり、つらい気持ちや悲しい気持ち、怒りを表現したりした時にも落ち着いた気持ちで聴くことができるようになります。ネガティブな感情は、否定せずに聴いてもらえるだけでも受け止めてもらえたという感覚を得ることができます。泣きたいのを我慢したり、つらいのに普通にしようとしなくてよいことも伝えていきましょう。

心理的孤独感の軽減

ストレス反応として孤独を感じやすくなることがあります。心理的な孤独は、実際に家族や友人がそばにいても感じていることがあります。そのため、できるだけ「つながり」を感じることができるように、遊びや学習の進め方を工夫していきましょう。また、大切な人を亡くした子どもや、強いショックを受けている子どもには、いつも以上にこまめに声を掛け「見ているよ」「気に掛けているよ」というメッセージが伝わる関わりを大切にしていけるとよいでしょう。

励ましの際の留意点

ネガティブな感情の扱いについては先に述べたところですが、ネガティブな感情に触れるとポジティブな感情にさせなければという気持ちが喚起されることがあるかもしれません。早く元気にしてあげたい、明るく楽しい時間を過ごせるようになってほしいなどの思いからの声掛けが、結果としてネガティブな感情を否定していることがあるので注意が必要です。例えば、「弱音を吐かずにいこう」「みんなで笑って過ごそう」「みんなで前を向いて」「心機一転」などの言葉が学級で強調されると、苦しさを抱えている子どもは取り残された感覚になっているかもしれません。また、「こうなってほしい」「こうあってほしい」という教職員の願いを伝える際にも注意が必要です。みんながいろいろな気持ちを抱えていて、どんな気持ちの人もいてよいということを強調しながら声を掛けていくようにしましょう。

④ こんなときはどうする

子どもに様々な反応が見られることは自然なことであると理解はしていても、その対応に迷うことがあります。ここでは、対応に苦慮しやすい場面についていくつか考えておくことで、保護者からの相談などの際にも情報を提供していくことができるようにしていきましょう。

眠れない・寝ようとしない・寝ながら泣く

なかなか寝ようとしない時には、寝ることが怖いということがあります。明かりをつけたままにしたり、添い寝や近くにいたりするなどの対応があると眠りにつくことができる子もいます。なかなか寝付けなかったり、夜中に起きてしまったりして、まとまった睡眠時間がとれていなくても、日中のうたた寝などを含めてトータルである程度眠れている様

子があれば大丈夫です。ただし、不眠が１週間以上続くような時には医療機関に相談をしましょう。また、寝ながら泣き叫んだり、時には起き上がって歩いたりする姿が見られることがありますが、起こす必要はなくけがをしないように見守ってください。翌日、覚えていないことがほとんどですが心配はありません。

食べられない

　食べられない時に、大人が何とか食べさせなくてはという気持ちになったり、子ども自身も食べないといけないという気持ちが強くなると、余計に食べることができなくなることがあります。また、子どもが体験したことの影響で「肉」や「赤いもの」など特定のものを食べることができなくなることもあります。食欲が低下している時は、無理にきちんと食事をさせようとせずに、食べられるものを少しずつ食べていければよいと思って対応していきましょう。ただし、水分については、食欲のないときでもこまめにとるように確認していきましょう。

からだの不調の訴えが続く

　医療機関で診察を受けたりして大丈夫なはずなのに、不調を繰り返し訴え続けることがあります。「大丈夫だから」「問題ないから」と説得的な対応になってしまうことがありますが、訴えの背景には、安心を求めていることがあります。短時間でもよいので、体をさすったり、話を聴いたりするようにしていきましょう。

災害の話を繰り返す

　何度も繰り返し災害時の話をされると、大人も苦しい気持ちになり「いいかげんにしなさい」「もうやめなさい」と言ってしまいがちです。しかし、聴いてもらえることが子どもの心の安定につながりますので、できる限り「つらいことを思い出したんだね」などの言葉を掛けながら否定せずに対応していくようにしましょう。似たような状況に、答えのわかりきった同じ質問を何度も繰り返すということもあります。「何度も同じこと言わせないで」と言いたくなる場面ですが、このときは、質問して答えてくれるという関わりで得られる安心感のほかに、予想どおりであることがもたらす安心を得ようとしていることがあるということを認識した対応が必要です。

自分のことを責める

　小学校低学年ぐらいまでの子どもは、物事に対し客観的な視点で捉えることがまだ難しい段階であり、自分を中心に捉える傾向があります。そのため、「昨日、宿題をしなかったから地震が起きてしまったんだ」というように自分と災害を結び付けて考えてしまうことで苦しい思いをしていることがあります。誤った考えをしているときには、事実をわかりやすく説明してあげることで安心することができます。

自分の様子をおかしいと気にする

　ストレス反応が生じると、自分が弱いから起きたことなのだと考えることがあります。また、ほかの人と反応が異なると「自分はおかしい」と感じることもあります。ほかの人

が泣いている場面で涙が出ないと「自分は薄情な人間なんだ」と思うようになったりすることがその例です。ストレス反応は、誰にでも起きることで、決して弱さなどのせいではないことや人によって反応の種類や程度が様々であることを伝えていくことが重要です。

災害ごっこをする

　災害を経験した子どもが、「災害ごっこ」をすることがあります。段ボール箱を積み上げて「地震だ！」と言いながら崩したり、ロールマットの上を「津波が来たぞ！」と言いながら転げ回ったりします。これらの姿に、大人は不謹慎だと感じるかもしれませんが、子どもは遊びを通して心の整理をしていることがあります。叱ったりせずに「びっくりしたよね」などの言葉を掛けてみてください。また、つらい気持ちでいるのに遊びをやめられないという場合もありますので、自然な形で別の遊びに誘っていくようにしましょう。

⑤ 大切な人を亡くした子どもへの対応

　子どもの心のケアについてこれまで述べてきたことは、大切な人を亡くした子どもについての対応でも同様です。ここでは、学校生活の中での対応のポイントについてもう少し共有をしておきたいと思います。

　家族や友人など大切な人を亡くした際には、「あの時こうしてあげればよかった」「どうして何もしてあげられなかったのだろう」など自責感や無力感が生じやすくなります。また、「どうして自分なんかが助かってしまったのか」という生き残ったことへ罪悪感（サバイバーズギルド）にさいなまれ、時には自分に何らかの罰を与えるようになることもあります。このような場合も、元気づけるといった変化を求めるような対応ではなく「そう感じているんだね」とじっくりと気持ちを聴いて寄り添っていくようにしましょう。

　励ましの基本的な留意点については先述したところですが、死別体験を抱えている子どもへの対応では、「〇〇さんの分まで頑張ろう」「いつも〇〇さんが見ているよ」「〇〇さんとの思い出を常に大切にして過ごしていこう」「乗り越えていこう」などのアドバイスは、過剰な頑張りにつながってしまうことがあるため注意が必要です。

　死別体験をした子どもに、どのように接してよいかわからずに戸惑う人も少なくないと思います。基本的には、災害前と同じように話したり、接したりしていくことが子どもにとっても安心できる状態です。また、周囲の子どもたちにも「いままでどおりに話したり、遊びに誘ったりしていいんだよ」と伝えておくことで自然な関わりが維持されます。

　いずれの場合も、教職員自身が子どもと接する際に、落ち着いた気持ちで話ができる状態であることが大切です。もし、様々な感情により混乱していたり、心が落ち着かなかったりする場合は、同僚やスクールカウンセラーなど自分が安心できる人に、感じていることを話してみましょう。

6 リラックス方法を身に付けよう

　子どもがひとりでも実施することができるように、手軽にできるリラックス法を身に付ける取組をしておきましょう。

呼吸法（10秒呼吸法）

- 楽な姿勢で座ります。目は閉じても開いていてもよいです。
- 鼻から息を吸って、口からゆっくりと吐きます。
- 息を吐いたら、もう一度「1・2・3」と鼻から吸います。
- 「4」で止めて、「5・6・7・8・9・10」でゆっくり吐きます。
- 吐くときに、自分の中の疲れやイライラなども吐き出すイメージです。
- 自分のペースでゆったりと続けます（1分〜1分半）。
- 終わりに、両手を組んで大きく伸びをしたり、首や肩を回したりします。

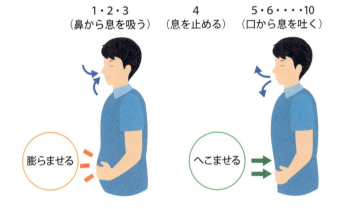

筋弛緩法（肩のリラックス）

- 両肩をまっすぐ耳に近づけるように上にあげます（椅子に座った状態でOK）。
- 肩にしっかり力を入れたまま10秒数えます。
- ストンと力を抜いて肩を下ろします。
- 力が緩んだ感覚を味わいます。
- 自分のペースで2〜3回繰り返します。

7 心身の健康状態の把握

　災害時における子どもたちへの対応は、基本的には平常時と同じと考えてください。平常時から接している担任や養護教諭などの立場の人たちによる健康観察等によって速やかに子どもたちの変化に気付くことが可能となります。また、早急に専門機関に相談すべきかなどの見極めが必要なこともありますので、平常時から教育相談や健康相談などを学校の教育活動として明確に位置付け、円滑に運営されていることが重要です。

災害時の健康観察のポイント

　子どもは、自分の気持ちを自覚していなかったり、言語化できなかったりするため、心の問題が行動の変化や頭痛・腹痛などの身体症状となって現れることが多くなります。そのため、平常時よりもきめ細かな健康観察が必要となります。災害時は、図表3-7に示されているような内容について、チェックシートなどを作成し確認をしていくことが必要になります。

図表3-7　子どもに現れやすいストレス反応

身体の健康状態	心の健康状態
・食欲の異常（拒食・過食） ・不眠 ・吐き気・嘔吐 ・下痢・便秘 ・頭痛 ・倦怠感 ・口の渇き ・過呼吸 ・動かない	・心理的退行現象（赤ちゃん返り） ・落ち着きがない ・イライラや怯え・強い恐怖心 ・攻撃的・粗暴・暴れる ・意欲低下・虚脱感 ・孤立・不安 ・無表情・無反応 ・引きこもり ・混乱

心のケアのための質問紙調査等を実施する際の留意点

　子どもの心の状態を把握するために、心身の健康調査票（「こころとからだのチェックリスト」等）などが活用されています。災害時は、自治体や関係機関など多くの人が現場に入り、支援活動を行っていく中で、類似の調査が複数の支援者により実施されることがあります。実施の際には、情報が得られることでのメリットだけでなく、子どもの負担感や内容による影響を十分に考慮し、専門家を交えて事前に検討することが大切です。また、実施の際には、保護者に事前説明をすることが必要です。子どもへは、テストではないことを伝えるとともに、書きたくないときは途中でやめてもよいことを説明してから行います。

コラム ストレス：ストレッサーとストレス反応、ストレス耐性

　ストレスが心にかかる状態は、よくゴムボールに例えられます。ストレスの原因となる外界からの刺激をストレッサー（周囲の環境・仕事・家庭・学校など）、それに対する心理面・身体面・行動面での何らかの反応をストレス反応、そして、ストレスに対して耐えられるかどうかをストレス耐性といいます。ゴムボールにしっかり空気が入っている状態であれば、ストレス反応が生じても自然と元の状態に戻ろうとします。しかし、長期間押さえつけられている状態になると、ボールから空気が抜けてしまい、徐々に戻ることが難しくなります。これが長期間にわたってストレスを受けた状態となります。また、大きな衝撃や突出した衝撃などが突然ボールにかかった場合、一気に負荷がかかり、ストレス反応も急激に現れる状態となります。

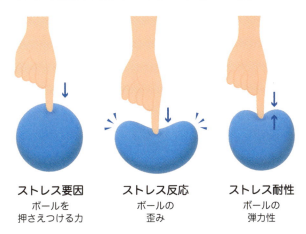

ストレス要因　ボールを押さえつける力
ストレス反応　ボールの歪み
ストレス耐性　ボールの弾力性

厚生労働省（https://kokoro.mhlw.go.jp/selfcare/）を基に作成

【参考・引用文献】
・アメリカ国立子どもトラウマティックストレス・ネットワーク、アメリカ国立PTSDセンター著（兵庫県こころのケアセンター、大阪教育大学学校危機メンタルサポートセンター訳）「サイコロジカル・ファーストエイド学校版実施の手引き」
・小林朋子・中垣真通・吉永弥生・今木久子・長島康之・石川令子（2010）「支援者のための災害後のこころのケアハンドブック」静岡大学防災総合センター
・（公社）セーブ・ザ・チルドレン・ジャパン「子どものための心理的応急処置」
・小林朋子・茅野理恵（2015）「学校における大切な人を亡くした子どもへの対応ハンドブック」静岡大学防災総合センター
・島津明人（2012）「こころの健康支援」島津明人編著『災害時の健康支援－行動科学からのアプローチ』誠信書房　pp.85-103

特別支援学校での対策

POINT
- 早期に一部でも日常の生活に近づける。安心できる、慣れた人が関わる
- 災害時だから特別と考えず、まずは日頃の生活の中で行っている工夫を継続する

　障害の有無にかかわらず、災害後に心身が不安定になるのは自然な反応です。基本的な心のケアのポイントは本節で述べられた対応と同じですが、環境変化による健康状態の悪化には注視する必要があります。

　障害のある子どもの場合、早期にできる限り日常の生活に近づけることが重要になります。被害が大きい場合は、一部でも日常の環境を再現できるとよいでしょう。例えば、こだわりのある行動は、できるだけ続けられるようにします。そのために、非常用持ち出し品に安心・安定のためのグッズを入れておくとよいでしょう。避難所では、周囲への迷惑を気にして行動を制限する前に、周囲の理解が得られるよう説明をしてみましょう。

　また、安心できる、慣れた人が関わることも重要です。ただし、災害時には特定の教職員や家族が支援を継続できないこともあります。平時から安心できる、慣れた人が複数いれば、その誰かが支援をすることができます。

　日常の生活に近づける、という意味では、不要な刺激を減らすことも必要です。被災後には災害に関する情報が視聴覚刺激として大量にもたらされます。そうした情報からできるだけ遠ざけると同時に、繰り返し状況を説明し、安心できるような情報を与えましょう。災害後には、余震等の影響で頻繁にアラームが鳴ることもあります。日頃からアラームを使った訓練の中で「アラームはみんなを守るための音」であることを教えたり、「災害が起きても助かるために練習しているから、きっと乗り切れる」ことを繰り返し、発災後にも確認できるとよいでしょう。

　障害をはじめとした要配慮者への対策がなされない避難所での生活は困難を極めます。そのため、過去の災害では障害を理由に避難所生活をあきらめ、壊れた自宅や車中で過ごした家族も多かったと報告されています。障害があることによるケアの負担だけでなく、周囲の言葉や態度に傷ついたり憤ることもあるでしょう。そうした負担は、家族や教職員を含めた支援者にも、のしかかります。災害

時には、家族や支援者の心のケアも大切です。発災後には障害のある人を対象にした災害支援団体も必ず活動をはじめますし、地域の中でも支援者たちが動いています。全国には心ある特別支援学校の教職員が大勢います。地域の理解者や外部の支援者と連携して、必要なSOSは我慢せずに発してください。

第 7 節　教職員・保護者の心のケア

POINT
- 教職員・保護者も被災者であることを忘れない
- 子どもへの継続的な支援には教職員・保護者の健康維持が重要
- 使命感は自身のストレスを自覚しにくくさせる
- 意識して休息をとり、お互いに頑張りすぎていないかチェックする

1 継続的な支援を可能とするために

　発災直後は、多くの人がショックを受けて呆然自失となり、気持ちが落ち込みます。しかし、しばらくすると被害の回復に向かって強い使命感や興奮、高揚感を抱くようになります。このような時期は、休まずに頑張り続けてしまいがちです。疲れが蓄積していても自覚しにくく、体調を崩して初めて頑張りすぎていたことに気付くことが少なくありません。そのため、積極的に休息をとることを意識しましょう。また、人は心と体は別物ではありません。体の疲れが心の変化につながっていくこともしっかり認識しておきたいところです。

❶ どのような過ごし方を意識すべきか

　休息をとることの必要性は感じていても、目の前に対応しなければならないことが大量にある中で、自分だけで調整していくことは困難です。学校では、以下のような内容について教職員同士でこまめにチェックし合う体制づくりが必要です。

食事と水分補給
　「ごはん食べた？」と声を掛け合いましょう。食欲がなくても、食べられるものを少しだけでも口にするようにしましょう。水分補給は特に重要です。可能であれば水筒を持ち歩き、こまめに水分補給しましょう。

休憩をとる
　平時よりもこまめに休むことを意識し、「休憩をしよう」と声を掛け合いましょう。仕事をしない時間をつくることも大切です。時間を決めて休むようにしましょう。誰でも利用しやすい休憩スペースを設け、人が集まりやすい環境を整えることも大切です。一方で、

ひとりで静かに過ごせるスペースも確保できるとよいでしょう。
体を動かす・血行をよくする
リラックスのための簡単な筋弛緩法やストレッチ、呼吸法を意識して行いましょう（第3章第6節参照）。職場では、会議や打合せの際に、みんなで必ず行うなどの工夫ができるとよいでしょう。また、可能であれば、入浴の時間を確保し、しっかり湯船につかりましょう。血行をよくするための取組が必要です。
睡眠の確保
災害後は、眠れなくなる人が多くいます。そのような時こそ、横になって体を休めることが必要です。眠れない時に「眠らなければいけない」と思うことで、更にストレスになることもありますので「横になるだけでいい」という気持ちで過ごしてみましょう。1日5時間以上は睡眠のための時間をつくりましょう。また、眠れない時や不安な時にお酒に頼るのはやめましょう。アルコール依存症になる危険性があります。
誰かと話をしましょう
教職員同士でお茶を飲む時間をつくり、何気ない会話を大切にしましょう。また、今の気持ちや悩みを話せる場をつくりましょう。語りの場では、自分とは違う意見や考えがあっても、評価や批判、説得などをせずに聴きましょう。語りの中では解決できないことがたくさん出てきますが、感じていることを安心して話せることが心の安定のためには大切ですので、議論やアドバイスをする場にならないように気を付けましょう。その場で課題解決に至らなくても、聴いてもらえた、わかってもらえたという感覚を得られることで、心は落ち着いていきます。また、専門家による相談の場を利用することも効果的です。相談窓口の情報を、誰でもわかる場所に掲示しておきましょう。

② 教職員たち自身の心のケア

教職員
子どもたちに自由な表現を認めることが大切なように、教職員自身も自分の気持ちを封印しないことが大切です。子どもたちが苦しい思いを抱えながらも頑張っている姿を目にすると、自分が弱音を吐いてはいけないという気持ちになるかもしれません。しかし、その気持ちが強くなり自分の中にある気持ちを抑え続けると、自身の心の回復が遅れ不調につながりかねません。また、教職員の姿から「弱音は見せてはいけない」というメッセージを感じ取る子どもも出てきます。子どもの前では落ち着いた姿を心掛けつつ、教職員も同じように悲しさや苦しさを感じていることを共有することはよいことです。
管理職
管理職として多くの判断を求められる状況になります。同じ立場の人と情報を共有することで、心理的な負担が軽減されます。日頃から校長会等のつながりを大切にしていきま

しょう。また、長期間休みがとれないこともありますので、①で述べた過ごし方のポイントを実践しましょう。

災害から時間がたつと、教職員の疲れが目立つようになります。リラクゼーションを行ったり、教職員同士で話ができる場を設定したりしましょう。参加できない教職員にも気を配り、話しやすい教職員と様子を確認したり、サポートしたりしましょう。

❸ 保護者の心のケア

災害時の経験が、子どもの心にもたらす影響について、多くの保護者が不安を感じています。その相談先が先生であることも少なくありません。保護者の不安な様子は、子どもの不安を更に高めるため、保護者の不安軽減は重要です。子どものストレス反応やその対応についての知識を持つことで、保護者の相談にも落ち着いて対応できます。

災害時のように急に大きなストレスがかかると、子どもが一時的に激しい反応を示すことがあります。「子どもの心が壊れていく」「どうしてあげればいいかわからない」といった訴えを聞くこともあるでしょう。まず、そうした反応は自然なものだと伝えましょう。そして、子どもが少しでも安心して過ごせる環境を整えることが心の回復に一番必要であることを説明し、その方法を一緒に考えていきましょう。また、教職員同士で確認し合っている食事や休憩、睡眠などの過ごし方のポイント（①参照）を、保護者とも共有しましょう。

図表3-8

教職員のためのストレスセルフチェック
身体・感情・行動面の変化

体調
- □何となく体の調子が悪い
- □元気が出ない
- □以前よりも、食欲がなくなった
- □食事が味気なく感じる
- □持病が悪化した

睡眠
- □疲れているのに寝つけない
- □睡眠をとっても、疲れが取れない
- □朝起きるのがつらい

感情
- □イライラすることが増えた
- □子どもや保護者と会いたくない
- □仕事のことが頭から離れない
- □好きだった趣味などが楽しく感じない
- □イヤなことについて話したくない

行動
- □思うように仕事・授業が進められない
- □口論することが増えた
- □思いもかけない失敗をするようになった
- □集中できない
- □予定や約束を忘れる
- □コーヒーなどし好品の摂取が増えた
- □お酒の量が増えた

その他
- □家族や同僚から「疲れているのではないか」と声を掛けられることが増えた

このリストは、教職員に自分自身の心の健康状態への気付きを促すものであり、チェック項目の数が、心の危機状況を示すものではありません。

文部科学省2014「学校における子供の心のケアーサインを見逃さないために─」より引用し、一部改変

第2編

地震以外の災害に備える
防災管理

第4章 風水害に備える防災管理

第1節 災害リスクの把握

POINT
- 過去の災害事例の課題を踏まえた対策を考える
- 校舎や体育館などの建屋と、校庭、遊具、外周の安全確認を早めに行う
- 通学路を中心に地区の危険地域を把握する
- 情報収集や情報伝達・緊急連絡の方法について確認する

1 学校における水害被害の実態

① 学校管理外の時間に発生した災害対応例──令和元年東日本台風における長野市立小中学校の被災状況

　2019年10月に発生した台風19号（令和元年東日本台風）による記録的な大雨の影響で、全国各地で河川の氾濫、浸水被害、土砂災害など甚大な被害が発生しました。特に長野県を流れる千曲川流域で被害が大きく、千曲川堤防の決壊、その他河川堤防からの越流や内水氾濫による浸水被害が相次いで発生し、住宅・道路・ライフライン等に深刻な被害をもたらしました。ここでは、長野市教育委員会と信州大学教育学部による長野市立小中学校全79校（2019年当時）を対象とした調査結果から、令和元年東日本台風による学校の被災状況と災害対応に関する実態について見ていきます。

学校施設の被災状況

　長野市立小中学校全校で、児童生徒及び教職員の人的被害はありませんでしたが、学校施設内においては浸水や雨漏り、設備の破損等の被害を受けました。図表4-1から、何らかの被害を受けた学校は12校あり、特に校舎における被害が多く見られたことがわかります。また、床上浸水した学校は5校あり、校舎のほか、体育館やプール、農具庫、体育器具庫、校庭などが浸水しました。学校が立地する土地条件に応じて、被害に差があったことがわかります。

図表4-1　長野市立小中学校における学校施設の被災状況

学　校	校舎における被害	体育館における被害	その他学校施設における被害
A小学校	床上浸水（1.6m）2日間浸水、壁の破損、泥や様々な物の流入	床上浸水（1.6m）2日間浸水、壁の破損、泥や様々な物の流入	床上浸水（プール・プレハブ物置）2日間浸水、壁の破損、泥や様々な物の流入
B小学校	雨漏り	暴風雪用設備の破損	－
C小学校	雨漏り	－	－
D小学校	天井の破損、倒木、雨漏り	－	－
E小学校	天井の破損、その他（床）	－	－
F小学校	－	－	床上浸水（農具庫30cm、体育器具庫50cm）1日間浸水、校庭の浸水（90cm）6日間浸水
G中学校	床上浸水（0.05m）	床下浸水（0.4〜0.5m）2日間浸水	－
H中学校	床上浸水（1.5m）、壁の破損	床上浸水（1.8m）1日間浸水	－
I中学校	床上浸水（0.6m）1日間浸水	床下浸水（0.8m）	－
J中学校	屋根の剥がれ	－	－
K中学校	雨漏り	－	－
L中学校	床下浸水（0.5m）半日間浸水	－	校庭（80cm）2日間浸水、校庭器具庫浸水

内山（2022）より一部修正して引用

写真4-1　令和元年東日本台風において床上浸水の被害を受けた長沼小学校の被災状況

提供者：長野市立長沼小学校

初動対応──安否確認、避難所開設

　令和元年東日本台風による水害では、長野市において大雨による河川の氾濫危険性が最も高まった時間帯は休日の夜間でした。そのため、学校では児童生徒が学校管理外の時間に初動対応が求められました。そこで、安否確認にあたっては、担任をはじめとした教職員と保護者との直接的なやり取りが行われました。長野市立小中学校全体で見ると比較的早期に安否確認が完了していた一方で、確認完了まで3日及び4日かかった学校も13校あり、これは全体の1割以上を占めます（図表4-2参照）。なぜ、これほど時間がかかってしまったのでしょうか。

　その原因の一つに、災害時の学校と保護者との連絡体制に関する構造的な問題があったと考えられます。多くの学校メールは学校からの送信のみ可能であり、保護者からの返信を受けることができない仕組み（双方向での連絡が不可能）となっていました。そのため、避難所等へ避難している家庭の把握に時間がかかった学校がありました。また、担任も被災して学校に参集できない場合には、その学級の児童生徒との連絡手段が問題となりました。さらに、学校自体が被災したところでは、パソコンの水没、停電のためにメールシステムが使用できず、電話も含め保護者と連絡をとることが難しかったため、教職員個人の携帯電話で対応せざるを得なかった実態がありました（安否確認における具体的な課題点については図表4-3を参照）。

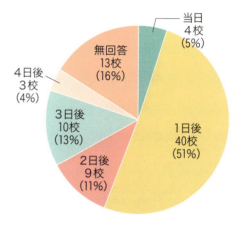

図表4-2　児童生徒の安否確認の完了時期
（長野市立小中学校全79校の調査結果）

内山（2022）より引用

図表4-3　安否確認における課題点（一部抜粋）

学校メールの仕組み	PTAメールの配信により行ったが、保護者からの返信を受けることができないので、正確に安否を確認することができなかった。
	メール配信により「被害があった場合は12:00までに学校に連絡を」としたが、100%のメール既読は確認できなかった。
	被災して避難している家庭については、携帯電話もつながらず、安否確認に時間がかかった。
学校の被災	学校が停電になってしまい、校務支援システムから送信する家庭メールの既読確認ができなかった（システム上、職員スマートフォンでは既読確認をすることができない）。
	学校を含む全学区が被災したため、担任の携帯電話による確認をお願いするしかなかった。その後も保護者への連絡は継続しており、それら全ても担任の携帯電話を使用せざるを得なかった。

職員の被災	緊急連絡先が書かれた書類が水没し、電話も含め保護者と連絡をとることが難しかった。また、パソコンが水没、電源が長時間復旧せず、保護者へメールなどを配信することができなかった。
	留守番電話対応時間帯のため、職員が学校に出向いて保護者からの電話連絡を受けることにしたが、通勤路が河川増水のため封鎖されていて、学校到着までに時間がかかった。
	被災して参集できない学級担任の学級生徒の安否確認の連絡に時間を要した。

内山（2022）より一部修正して引用

　また、この水害では全79校（2019年当時）のうち23校が避難所として開放されました。その全ての学校において、管理職をはじめとした教職員が避難所開設・運営の基盤となる役割を担っていました。こうした学校では、児童生徒を守るための初動対応に加えて、自らも被災した教職員もいた中で、避難所の運営やトラブル解決、避難者のケアにも教職員が関わり、臨機応変に対応せざるを得なかった状況がありました（避難所でのトラブルについては図表4-4を参照）。

　水害については、発災がある程度予測できることから、発災前からタイムラインに沿った行動をとることが有効です。次項から、水害に備える防災管理について詳しく紹介していきます。

図表4-4　学校が避難所となったことによるトラブル（一部抜粋）

避難者の安全確保	本来水害での避難所として指定されていなかったが、地域住民の依頼により、学校を開放し消防団により窓ガラスを割って校舎内に入るという方法をとったが、避難所として指定されていない場所で避難されている方々の安全確保に責任がとれない。
	町内が冠水となり、学校職員が学校までなかなかたどり着けず、避難所開設要請から到着までに1時間を要し、体育館をすぐに解錠開放できなかった。
駐車場	校地内の駐車場スペースが少なく、避難の方や関係職員、学校職員、児童館プラザ職員、お迎えの保護者車両、支援物資の車両などで大変混雑した。
電話対応	初期に避難所関係と学校関係の電話が重複。対応に苦慮し学校業務に支障があった。
トイレ	体育館に洋式の便器がなかったため、最も近い南校舎（管理棟）1階のトイレを避難所の皆さんに開放した。トイレは夜中でも使用する可能性があったため、管理棟出入口の鍵を避難所担当の市の職員に預けたが、学校の安全管理上、大変不安であった。
	洋式トイレがほぼないため、高齢の方にはきつかったようだ。
	トイレットペーパーの使いすぎによるつまりが生じた。
その他	防災倉庫にあった飲料水の賞味期限が全て切れていた。

内山（2022）より一部修正して引用

【参考文献】
内山琴絵（2022）「令和元年東日本台風における学校の被災状況と対応―長野市立小中学校の状況―」信州大学教育学部研究論集第16号p.172-190.

2 校内のリスクの洗い出し

　大雨に対する防災対策は、洪水や浸水被害を最小限に抑え、安全な避難を確保することが重要です。風水害は地震と違い、前もっての備えが有効な災害です。

① 安全点検

　学校施設の安全点検は風水害対策にとどまらず「学校保健安全施行規則」で求める３種類の安全点検に基づき、常日頃実施する必要があります。点検は、校舎や敷地が広範囲に及ぶため、大変な作業になります。効率的かつ確実に点検を行うための工夫としては、次のようなことが考えられます。特に風水害に備える場合などは焦点化して実施しましょう。
　また、校舎内の点検は大掃除などの機会に児童生徒と行うことで、防災意識の啓発にもつながります。

①チェックリストの作成
　　点検すべき箇所や項目を事前にリスト化しておきます。チェックリストを活用することで、漏れなく点検できます。学校安全の観点から、各自治体が作成している安全点検表を参考にして定期的・日常的に点検する項目、風水害に備える項目などに分けて自校化しましょう。

②役割分担と責任者の設置
　　点検範囲を区分け（校舎、運動場、通学路など）し、教職員が役割を分担します。各範囲の責任者を置くことで、点検が漏れなく行えます。

③専門業者との連携
　　排水設備の詳細な点検など、専門性が求められる箇所については、業者に依頼し、定期的に点検を委託することを検討します。

④地域住民やボランティアの協力
　　校地内の樹木の点検や、通学路の点検など、地域住民やボランティアに協力を仰ぐ範囲を設定し、人力を確保します。

⑤ICTの活用
　　タブレットやスマートフォンのアプリを使い、点検データのデジタル化や、位置情報と合わせた記録作成を行います。点検データはクラウドストレージにアップロードして、関係者と共有し、リアルタイムに点検状況を確認できます。近い将来にはアプリとAI画像診断を活用することで、細微な異常に対しても警告してくれるようになるかもしれません。

2 雨水排水路の確認

学校には多くの木々があり、また、校庭には土があり、水の流れを阻害する多くの要因があります。

排水口周辺や側溝、雨樋に土砂や落ち葉、ゴミなどが堆積していないか、雨水ますの蓋が破損していないか、目詰まりがないか確認します。周辺に土砂や落ち葉などが堆積している場合は、取り除きます（写真4-2参照）。蓋に破損がある場合は、交換します。排水溝が老朽化している場合は、補修や新設を検討します。

写真4-2

3 校舎及び体育館などの建屋の確認

風水害に対する校舎や体育館のような建屋の点検について、次の一覧（図表4-5）のような点に着目しましょう。

児童生徒の一次避難場所や、地域住民の避難所になることが予想される体育館には多くの窓があります。風水害の被害だけにとどまらず、地震の際にガラスが飛散しないように飛散防止フィルムを貼るなどの措置も考えられます。

キュービクル（高圧受電設備）やブレーカーボックス（配電盤）が浸水の可能性のある高さに設置されている場合や、外壁からのにじみ出しが考えられる場合は専門家の点検が必要です。また、漏電がないか、電気設備が安全に設置されているか、配線が損傷していないかを点検します。浸水が予想される場合は、電気設備の電源を遮断することで感電や火災の危険を軽減することも検討しましょう。

もし、浸水した場合にはコンセントやスイッチ、配電盤などの電気機器が水に触れていないかをチェックします。電気設備が水浸しになった場合は、専門家による点検後に完全に乾燥させる必要があります。湿気が残ったまま使用すると、故障や感電の危険があります。

図表4-5　校舎や体育館の点検リスト

教室・廊下等

点検項目	主な点検の観点	主な点検方法	専門家が関わった方がよいもの
1．窓・ドア			
ガラス	・窓ガラスにひび割れ等の異常は見当たらないか	目視	
窓・ドア	・窓やドアに変形、腐食、ガタつき等の異常はないか ・シール剤（コーティング）が劣化していないか	目視・触診等	
クレセント	・開閉可能な窓のクレセントはかかっているか	目視	
窓の周辺	・強風時に衝突するおそれがあるものを窓ガラス周辺に置いていないか	目視	
2．屋根などの高所			
屋根	・屋根に損傷がないか ・排水口が詰まっていないか	目視	○
3．内壁、天井など			
壁・天井	・天井や壁に浮き、ずれ、ひび割れ、しみ等の異常は見当たらないか	目視	○
吹き抜け等	・吹き抜け部分にひび割れ等の異常は見当たらないか	目視	
4．エキスパンション・ジョイント			
エキスパンション・ジョイント	・エキスパンション・ジョイントのカバー材が変形又は外れていないか ・雨天時に雨漏りなどが見られないか	目視	○
5．昇降口や非常口			
昇降口、非常口	・浸水の可能性の有無を見る ・強風時に衝突するおそれがあるものを周辺に置いていないか	目視	
	・特に非常口が浸水や強風で開閉不可能になることはないか	目視	
避難経路	・避難経路となる階段や踊り場、非常口及び防火シャッター、防火扉付近に物が放置されていないか	目視	
6．外壁			
外壁（庇や軒、バルコニー等を含む）	・外壁に浮き、ひび割れ等の異常は見当たらないか	目視	○
配電盤、防災システム、ブレーカーボックス等	・浸水の可能性のある高さに設置されていないか ・内部、外部からの水のにじみ出しは見当たらないか	目視	○

体育館・屋内運動場

点検項目	主な点検の観点	主な点検方法	専門家が関わった方がよいもの
1. 床板・フロア金具など			
フロア床板	・フロア床板の滑りやすさなどの異常、ひび割れ、はがれなどの破損、移動は見当たらないか、また、フロア等金具蓋が破損し、外れていないか	目視・触診等	
2. 窓・扉・ギャラリー・緞帳・暗幕			
窓ガラス	・窓ガラスにひび割れ等の異常は見当たらないか	目視	
窓・扉	・窓や出入口の扉の開閉時に、引っかかる、著しく重いなどの異常はないか	目視・触診等	
クレセント	・開閉可能な窓のクレセントはかかっているか	目視	
窓の周辺	・強風時に衝突するおそれがあるものを窓ガラス周辺に置いていないか	目視	
ギャラリー	・ギャラリーに落下危険物がないか	目視	
3. 屋根などの高所			
屋根	・屋根に損傷がないか ・排水口が詰まっていないか	目視	○
4. 内壁、天井			
壁・天井	・天井や壁に浮き、ずれ、ひび割れ、しみ等の異常は見当たらないか	目視	○
5. 外壁			
外壁（庇や軒、バルコニー等を含む）	・外壁に浮き、ひび割れ等の異常は見当たらないか（庇や軒、バルコニー等を含む）	目視	○

宮城県の安全点検表を参考に風水害に特化して作成

　建屋の点検時には、同時に出入口の防水措置、土のうの備蓄状況等を確認しておきましょう。土のうが劣化している場合は、交換します。土のうはビニール袋を二重にして水を入れた水のうでも代用できます。浸水が予想される出入口については水圧に耐えるような仕立てが必要です。

❹ 校庭や遊具、外周の確認

　安全確保のためには、校舎外及び学校の外周にも注意が必要です。強風による倒壊、土壌が雨で緩むことによる土砂災害などにも気を付けなければなりません。通学路についても、土砂崩れの発生しそうな山際、道路の亀裂や陥没、側溝の詰まりがないかどうか、落下物や倒壊の危険がある立木や古い塀がないか、水たまりや冠水の危険がある場所がない

か、工事現場など通行に支障のある箇所がないかなどの確認も必要です。最近は、車で通勤する教職員が多いことから、地域の詳細を知る機会が減っています。そこで、地域の方や保護者からの情報を加味して、学校周辺の危険を認識することが肝要です。

図表4-6　校庭や遊具、外周の点検リスト

屋外・校地

点検項目	主な点検の観点	主な点検方法	専門家が関わった方がよいもの
1．屋外の器具庫、物置など			
建屋	・強風で飛ばされたり、転倒しないように固定されているか	目視	
外壁（庇や軒を含む）	・外壁に浮き、ひび割れ等の異常は見当たらないか（庇や軒を含む） ・雨樋などに詰まりがないか	目視	○
	・雨樋や排水口に破損や詰まりがないか	目視	
2．排水口・側溝、水飲み場など			
排水口・側溝	・排水口や側溝に詰まりはないか	目視	
水飲み場・足洗い場	・水飲み場、足洗い場に破損や詰まりはないか	目視	
3．樹木			
樹木	・樹木の樹幹に揺らぎ、不自然な傾斜、亀裂はないか、根が露出していないか	目視	
4．校門、塀、掲揚塔など			
校門・塀・柵など	・校門、塀や柵に破損、ひび、腐食は見当たらないか	目視・触診等	○
掲揚塔など	・掲揚塔等の腐食や転倒のおそれは見当たらないか	目視・触診等	○
擁壁、斜面など	・擁壁や斜面に亀裂や膨らみ水のにじみ出しはないか	目視	
5．学校周辺			
側溝や用水路	・学校周辺に側溝や用水路はないか	目視	
通学路	・主な通学路に土砂崩れ危険箇所や工事中の箇所はないか	目視	

屋外運動場

点検項目	主な点検の観点	主な点検方法	専門家が関わった方がよいもの
1．グラウンドなど			
グラウンドなど	・傾斜が適切に設計されているか確認する（水が建物に向かって流れないように）	目視	

2．サッカーゴール、バックネット・防球ネットなど				
サッカーゴールなど	・サッカーゴール等は固定されているか	目視・触診等	
	・サッカーゴール等に破損、腐食、転倒のおそれは見当たらないか	目視・触診等	
3．ブランコ、滑り台、ジャングルジム、鉄棒などの遊具				
ブランコ等の遊具	・支柱などにぐらつき、腐食、亀裂や基礎の露出は見当たらないか	目視・触診等	○
	・吊り金具、チェーンの破損・摩耗は見当たらないか（強風時は固定する）	目視・触診等	○
4．その他				
ゴミ箱等	・強風等で飛ばされないように屋内にしまう	目視・触診等	

宮城県の安全点検表を参考に風水害に特化して作成

5 事前に確認する事項

(1) 避難経路の確認

　地域の洪水ハザードマップを確認し、洪水リスクの高い地域や避難経路を把握しておくことも大切です。大雨や洪水の際には、通常の非常用出口が利用できない可能性があります。そのため、大雨や洪水に備えた対策が必要です。地面が浸水する可能性が高い場所にある出入口に対して、水没に耐える仕組みを導入します。例えば、土のうや防水パネルを設置することで、水の侵入を防ぎます。通常の出入口が利用できない場合でも安全に避難できるよう、代替的な避難経路を設定しておきましょう。これには、階段や屋内通路、場合によっては低層階の屋根を通る避難ルートなどが含まれます。

(2) 情報収集と安全確保

　大雨や洪水は、事前にある程度予想できる災害です。教職員は、被害を最小限に抑え、児童生徒の安全を守るために、次のようなタイムラインを参考に、状況に応じて適切な行動をとる必要があります。詳しくは、本章第3節を参考にしてください。

1週間前	気象情報収集	台風や豪雨などの情報を防災情報ポータルサイトなどから収集し、学校の周辺地域のハザードマップを確認します。
	点検・整備	排水設備、校舎、運動場、避難経路などの点検・整備を行い、必要があれば補修します。
	防災倉庫の点検	備蓄物資の点検を行い、不足があれば補充します。
	緊急連絡網の確認	緊急連絡網を確認し、必要があれば更新します。
3日前	教職員への周知	災害発生時の対応方法について、教職員への周知徹底を図ります。
	保護者への連絡	災害発生時の連絡方法について、保護者への連絡を行います。
	必要物資の確保	停電や断水に備えて、必要物資を確保します。

1日前	最新情報の収集	最新の気象情報や行政機関からの指示を収集します。
	臨時休校の検討	状況に応じて、臨時休校の検討を行います。
	校舎の点検	校舎の点検を行い、安全性を確認します。

(3) 連絡網の整備

大規模災害では、広域で長い時間の停電が発生します。その際の連絡手段を常日頃から考えておく必要があります。携帯電話網が機能していれば、音声通話やメール、メッセンジャーアプリなどが利用できます。多くの役所・役場には衛星携帯電話が設置されていることから、生死にかかわる場合には使用についての取り決めをしておくことも必要です。

携帯電話網も遮断された場合には、掲示物やチラシを近隣の世帯に配布したり、主要な場所に掲示したりするなど、できる限り人力や手作業での確実な伝達手段を準備しておく必要があります。

防災倉庫、防災備品の確認

地域との連携で防災倉庫を校舎に設置している学校がよく見られます。しかし、この防災倉庫が浸水予想地点にあった場合はどうでしょうか。また、校庭の端の斜面脇にあったらどうでしょうか。残念ながら肝心な時に使用できない結果となります。設置場所がどうしても浸水予想の場所にしかとれない場合でも、スコップや手押し車等濡れてもかまわない内容とします。食料品や毛布、ヘルメット、懐中電灯などの電気製品は校舎上階の倉庫や空き教室に保管しましょう。風水害の対応備品としては、前述の、土のう・水のうのほかに防水バッグ、防水性の高いブーツなども有効です。

この考えは津波被害が考えられる学校でも有効です（第5章第1節参照）。

第2節　風水害からの避難

> **POINT**
> ・風水害の避難の流れを整理する
> ・水害に関する避難のパターンを考える
> ・避難時の注意事項を整理する

1　避難の考え方と情報の管理

　最近の気象と災害の関連を見ると線状降水帯による長期の雨、桁違いな短時間雨量、新興住宅地などにおける土砂災害、内水氾濫や洪水などの被害が毎年のように全国で発生しています。しかしながら、全国の学校では風水害に対する防災教育が十分に行われているとはいえず、ましてや避難訓練は火災のみの1回又は火災と地震の2回にとどまることが多いのが現状です。再度、学校の置かれている立地環境を見直し避難計画を策定し、風水害に備えた訓練を行うことが望まれます。例えば、近くの川の氾濫を想定した訓練を行う場合には、予想される浸水深に応じて、水平避難（高台避難）、垂直避難、学校待機が考えられます。この想定に基づいた訓練を行ってみましょう。

　また、学校が浸水想定区域外であっても家庭での被災が予想される場合を考え、児童生徒自身にも、ハザードマップで自宅の位置を確認させたり、防災気象情報について理解させたりすることが必要です。各教科などの時間を活用し日常の学習と結び付ける安全学習を行いましょう。

❶　静的情報の整理

　風水害は地震とは異なり、荒天前から危険な状況になるまでの時間（リードタイム）がある進行性の災害です。よって、事前に避難することが可能な災害でもあります。
　被害を最小限にとどめるには静的情報と動的情報を組み合わせることが重要です。静的情報とは、ハザードマップに代表される危険箇所の把握です。「重ねるハザードマップ」などで、まず学校敷地の水害リスクを把握しましょう。
　①浸水深3.0ｍ以上：浸水の目安が3ｍ以上又は家屋倒壊等氾濫想定区域
　　　　　　　　　　（2階までの浸水が予想される高さ）
　②浸水深0.5ｍ以上：浸水の目安が0.5ｍ～3ｍ未満（1階の浸水が予想される高さ）

③浸水深0.1m以上：浸水の目安が0.5m未満（1階床下の浸水が予想される高さ）
④浸水深0m：浸水想定区域に校舎は立地していない

次に、土砂災害について調べましょう。
①急傾斜地の崩壊
②土石流
③地すべり

　これらのリスクに学校敷地が該当するかどうかを確かめておくことが大切です。ハザードマップに記されていない場合でも、学校の立地場所として、背後に里山がある、城趾、新興住宅地などの例が多く見られます。このような立地条件も考慮することが必要です。できれば、通学路の危険度も把握しておきましょう。「浸水のおそれがある場所」「土砂災害のおそれのある場所」「通行止めになるおそれがある道路」を調べておくことで、二次避難や集団下校の際の安全確保につながります。

コラム　重ねるハザードマップ

　「重ねるハザードマップ」（国土交通省）は、様々な防災に役立つ情報を一つの地図上に重ねて閲覧できるシステムです。具体的には、地図で表示している場所のうち災害の危険がある場所を、「洪水」「土砂災害」「津波」など災害種別ごとに見ることができます。「重ねるハザードマップ」の特徴は、これらの災害種別ごとの表示を、1つの画面上（地図上）に重ね合わせて見ることができることです。例えば、下図のように「洪水」と「土砂災害」や「活断層の位置」と「大規模な盛土造成地」を重ね合わせることで、大雨や地震発生時の危険度を予見することができます。

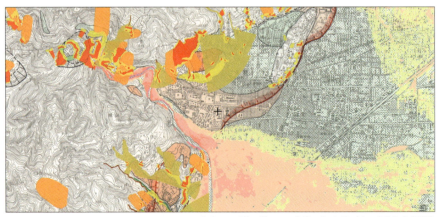

出典：ハザードマップポータルサイト（国土交通省）

❷ 動的情報の整理

　一方、動的情報とは、気象情報などに代表される災害情報です。気象庁は様々な「防災気象情報」を発表しています。時間を追って段階的に発表される「早期注意情報」や「気象情報」「注意報」「警報」などの防災気象情報を有効に活用し、早め早めの防災行動をとることが必要です。防災気象情報とは気象災害から身を守るために出される注意喚起を促す情報です。自治体が発表する避難指示とは必ずしも一致しませんが、早期の避難行動をとるための有効な情報です。

　また、リアルタイムで地図上のどこで危険度が高まっているか知ることができるのが、気象庁の「キキクル」（危険度分布）です。「キキクル」では土砂災害、浸水、洪水等の情報を得ることができます。危険度が段階表示されていますので、移動に危険が伴う前の段階で避難行動をとることが大切です。できる限り、強風により危険物が飛散する前、雨脚が強まる前、川の増水が異常になる前の判断が必要です。

　風水害時では、この静的情報と動的情報とを組み合わせることで児童生徒の安全確保を考え、場合によっては早期の避難につなげる必要があります。

2 避難行動の判断

❶ 学校への登校判断・下校判断

　学校タイムライン（第４章第３節参照）などで危機対策を決めておくことで、児童生徒や保護者、加えて教職員の安全対策も可能になります。「避難とは危険を避ける・遠ざかる」ことですから、暴風雨や大雨が予想される中、登校させないことも一つの選択肢です。例えば、朝６時の段階で大雨、暴風等の気象警報などが出されているときには、休校あるいは時間を遅らせて登校させることを決めておくことで、危険を避けられる可能性が高まります。GIGAスクール構想が浸透した現在においては、登校させることなく配信授業を行うことも可能です。現在は市町村の広域化が進み、一律に自治体が管理下の学校全てを休校にできないこともあります。このような事態も考えて、自治体、管轄教育委員会と事前協議しておくことも必要でしょう。

　また、台風や大雨の予報が出ている場合には、降雨前あるいは小降りの間に集団下校又は引き渡しを行い、児童生徒を早めに帰宅させることも考えましょう。集団下校の場合には、教職員は事前に分担の下校経路や緊急時避難場所及び危険箇所を確認しておく必要があります。保護者には悪天候が予想される前日などに事前予告通知を行っておき、下校開始前には必ず再び通知します。また、時間を繰り上げて、児童生徒を一人で帰宅させる場合には、メールシステムなどを用いて帰宅完了を学校に報告させるといった対応も必要です。

❷ 二次避難

　通常、大雨で交通機関が止まるなど帰宅手段がない場合には、学校内にとどまることが考えられます。これは一次避難の状況です。しかし、ハザードマップで浸水の目安が3ｍ以上又は家屋倒壊等氾濫想定区域にある場合には、早期の立ち退き避難が必要です。また、3ｍ以下であっても垂直避難を考える必要があります。これが二次避難となります。さらに、学校付近での降雨量が多くない場合でも、上流に降った雨や土砂崩れの影響から近くの川が氾濫することも考えられます。

①浸水深3.0ｍ以上	浸水想定区域にある場所から近隣の高台に避難する
②浸水深0.5ｍ以上	避難前に浸水が始まった場合は上層階や屋上に避難する
③浸水深0.1ｍ以上	安全が確保できるまで待機する
④浸水深0ｍ	基本的に帰宅する
その他	浸水想定区域に校舎は立地していないが、校区内に①や②の浸水想定区域が存在する場合は、学校で待機する

　例えば、近隣の高台に避難することを想定する場合、まずは避難場所の選定とそこまでの避難ルートを検討します。土砂災害の危険がないのか、全校児童生徒が避難できる場所なのか、分散して避難しなければならない場所なのか、さらに建物であれば事前に収容人数を調べる必要があります。自治体の多くの避難所では住民数の防災用品しか備蓄していません。想定以上の児童生徒が避難した場合、備蓄品が不足することも考えられます。このようなことも自治体と相談し、二次避難を行った場合の対策を協議しておく必要があります。

　避難ルートは、土砂災害も考慮して複数のルートを検討しておくことが必要です。学校を出発すると引率教職員同士の連絡も困難になることから、事前に全教職員の目線合わせが必要です。特に視界が不良になることから、用水路や側溝への転落は絶対に避けなければなりません。配慮が必要な児童生徒については、車での輸送や消防などに早めに保護してもらうことも考えられます。

　保護者や関係機関には避難前後で必ず連絡を行いましょう。特に保護者は、暴風雨による危険の最中に学校まで迎えに来るケースが想定されることから、二次災害などに遭わないように啓発することも大切です。

特別支援学校での対策

POINT
- 警戒レベル3「高齢者等避難」を避難開始の目安とする
- 子どもの障害の状況を踏まえて適切な場所を選定する
- 行政や避難所管理者に学校の状況を知ってもらい、事前に相談をしておく

　学校外への避難が必要な場合は、警戒レベル3「高齢者等避難」の段階で避難を開始します。つまり、学校での引き渡しが可能なのは、それ以前ということになります。警戒レベルは一気に引き上げられることもあります。状況に応じて引き渡しを中断し、子どもの命を守ることを最優先に二次避難に切り替える判断をしましょう。

　保護者には、引き渡し訓練などを利用して、二次避難場所への道順を確認してもらう機会をつくりましょう。さらに、避難先での引き渡しについても、訓練をすることで課題を見つけることができます。例えば、引き渡し開始から1時間後には二次避難を開始し、それ以降の引き渡しは二次避難場所で行う、といった想定で訓練を行います。その際、避難先で数日過ごすことを想定した備蓄品や資料を持ち出す訓練も一緒に行いましょう。

　引き渡しの方法については、第3章第3節を参照してください。引き渡しは、豪雨の中で行うことを想定して計画を立てます。大雪の場合には想定が変更されることもあります。

　計画にあたっては、ハザードマップや市町村の防災計画で示された条件から、避難の方法や避難先を選択します。その際、子どもの障害を踏まえて、実際に避難が可能かどうかを十分に検討する必要があります。

　例えば、ある学校では市町村から洪水時の避難方法の一つとして「垂直避難」を示され、計画に反映しました。しかし、校舎のほとんどが平屋建で、狭い2階部分に全員が入りきれず、垂直移動が困難な子どももいるため現実的には難しい状況でした。こうした場合は「垂直避難」の選択肢をとらない、又は最終手段として考えるべきです。早めの二次避難を想定する、近隣で垂直避難が可能な場所を探して連携をとっておく、長期的には校舎移転や垂直避難ができるような改築の要望を挙げていくことなど、市町村や教育委員会とも相談して複数の対応策を

立てておきましょう。

　また、ある学校では市町村から指定された最寄りの民間施設を二次避難先に指定していました。しかし、実際に行ってみると、バリアが多く、障害のある子どもたちが過ごすには不適当でした。そのため市町村と話し合いを行い、バリアフリー環境の整った、より支援が行き届きやすい公共施設に学校用の部屋を提供してもらうことが可能になりました。この学校では二次避難先の変更後、引き渡し訓練で保護者が二次避難所の確認をする手順を設け、避難先との関係づくりを継続しています。

　これらの例では、避難を想定した訓練やシミュレーションを行うまで、市町村から提供された情報をそのまま計画に反映させていました。実際に足を運んだり、シミュレーションをすることで課題に気が付くことができたのです。避難先の選択は、立地する市町村や避難先と十分な話し合いを行っておきましょう。その際、特別支援学校の状況がよく知られていないことを前提に、どのような子どもたちがいて、何が困難であるか丁寧に説明をする必要があります。校舎や子どもたちの状況を実際に見てもらうと理解が進みます。

　一般の避難所を利用する場合、次の点に留意しておくとよいでしょう。

・特別支援学校の子どもたちだけに部屋を割り当てることは困難です。区画を設けるなど、避難所の利用方法についても地域と相談しておきましょう。
・重度行動障害があるなどで一般スペースでの滞在が困難な子どもについては、事前に個室の利用など相談をしておけるとよいでしょう。
・医療機器を使用するため電源が必要な子どもについては、非常用電源があり確実に電源が確保できる場所に避難できるよう、事前に取り決めができると安心です。

第3節　学校タイムラインをつくる

POINT
- 危機管理マニュアルでは見えないつながりを確認する
- 学校タイムラインをつくることが、迅速かつ効果的な避難や対応プロセスとなる
- 学校外の資源を活用した災害対応ができる
- 児童生徒にマイ・タイムラインを作成させることで自助・共助の成長が促される

1　危機管理マニュアルとタイムライン

❶ 危機管理マニュアルとは

　危機管理マニュアル（防災マニュアル）は、全ての学校において危険等が発生した際に教職員が円滑かつ的確な対応を図るため、学校保健安全法に基づき、作成が義務付けられています。各学校では自校化に取り組み、毎年見直しを行いながら改善を図っていく必要があります。

　危機管理マニュアルの多くは、学校内で災害などの危険が発生した場合、又は発生する危険がある場合を想定して、教職員が行うべき必要な対応等をあらかじめ明確化し、全教職員が共通理解を図るとともに、いざというときに迅速かつ的確に行動できるようにするための行動指針となっています。学校によっては係分担が明記されたり、それに関連する機材などが記載されています（図表4-7は、台風接近時のマニュアルの例）。

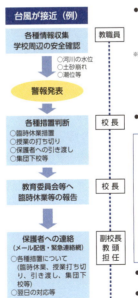

図表4-7

宮城県『改訂版　学校防災マニュアル作成ガイド』より引用し、一部改変

しかし、自然災害の場合には学校単独で対応が済むことはありません。学校を取り巻く多くの関係者が存在します。したがって、それら関係者との関わりも含めた実践的なマニュアルを作成する必要があります。それを発災時の時間軸に沿って整理したものがタイムラインです。

❷ タイムラインとは

タイムラインとは、「災害の発生を前提に、防災関係機関が連携して災害時に発生する状況を予め想定し共有したうえで、『いつ』『誰が』『何をするか』に着目して、防災行動とその実施主体を時系列で整理した計画」（国土交通省）です。現在、国土交通省地方整備局、道路・河川事務所、自治体などで作成が進み、防災行動計画ともいわれています。

また、最近の大雨被害の増加から住民に対して「マイ・タイムライン」の作成が呼びかけられ、災害への啓発と、先を見越した早めの行動を促す避難行動にも役立っています。

タイムラインの対象となる災害は「進行型災害（水災害、雪害や遠地津波災害等）」と「突発型災害（地震、火山噴火等）」がありますが、「進行型災害」を対象としたものが一般的です。ここでは、最近増えている気象災害について検討してみましょう。

マイ・タイムラインの作成

マイ・タイムラインとは、「住民一人ひとりのタイムライン（防災行動計画）であり、台風等の接近による大雨によって河川の水位が上昇する時に、自分自身がとる標準的な防災行動を時系列的に整理し、自ら考え命を守る避難行動のための一助とするもの」（国土交通省）です。地域のハザードマップから地域固有の災害を知ること、防災情報をどのように入手するのか知ること、個人・家族がどのような条件になった場合に避難行動を開始するのか考えること、避難所はどこにするのか、避難経路はどうするのか複数考えること、避難する際に持ち出す最小限必要なものは何か考えること、など自分自身に引きつけて考え、家族あるいは地域と情報を共有することができます。

この約束事（プロトコル）を学校タイムラインと関連付けることで、学校管理外（休業日や夜間など）や、災害により連絡手段に制約が生じたときで

あっても、必要な行動が担保されることから、学校と保護者間などそれぞれが行動する信頼関係にもつながります（「津波てんでんこ」は海岸地域で津波が発生しそうなときの約束事（親や子どもにかまわず、それぞれが高台に避難する）であり、ある種のマイ・タイムラインです）。

特に高齢者や障がい者を抱える家庭においては、早めの避難や手助けを必要とする避難が考えられます。このような場合には、自治体や支援団体、地域の方々と相談しながら、マイ・タイムラインを作成することも重要となります。

マイ・タイムラインの作成様式は、国土交通省や各自治体等でホームページに掲載したり、冊子等で配布されているもののほか、市販の作成用キットがあります。

マイ・タイムラインの作成例

出典：『わが家の防災タイムライン』東京法令出版

2 学校タイムライン

❶ 学校タイムラインの作成

　学校版の災害対応タイムラインを作成する目的、作成手順及び留意点についての一般的なガイダンスです。特に今回は、大雨による気象災害を想定してみましょう。

目的
①児童生徒と教職員の安全確保
　　災害が発生した際、最優先事項は児童生徒と教職員の安全です。タイムラインは迅速かつ効果的な避難や対応プロセスを明確にし、全員の安全を確保することを目的とします。
②迅速で効果的な対応
　　防災行動を迅速かつ効率的・効果的に行い、発災後から復旧までの流れを明確にし、混乱を最小限に抑えることを目的とします。
③コミュニケーションの向上
　　学校と関係者間とのコミュニケーションを密にし、教職員、児童生徒、保護者、自治体、地域などとの災害時の連携を強化します。

作成手順
①学校が位置する地域の地理的・気象的な特性を理解し、発生可能性のある災害の種類を洗い出します。特に過去その場所で起こった災害や、考えられる最大の被害（堤防の決壊、土砂災害等）をハザードマップなどを活用しながら想定します。その地域で起こった過去の災害の画像や映像、更に他の地域で起こった災害の画像や映像があるとイメージがしやすくなります。
②主な関係機関を書き出します。自治体、教育委員会、保護者、地域など協力体制が必要な機関を挙げます。
③主な災害の発生時点を定め、この時刻を「ゼロ・アワー」とします。また、ゼロ・アワーから時間を遡り、個々の防災行動を実施するタイミングと防災行動に必要な時間を整理します。
④災害の発生から収束までの流れを整理します。災害情報の収集、各関連機関との連絡調整、児童生徒と教職員への安全な避難手段の提供、保護者への迅速な通知、教育活動の中止と早期復旧計画などを考えましょう。
⑤災害対応の係分担を確認します。ただし、必ずしも該当の教職員がいるとは限らないことを想定した分担にします。
⑥具体的な事例を基にタイムラインを作成し、地域の特性や学校の状況に合わせて適切に調整します。

留意点

①地域特性の考慮

　自治体が作成しているハザードマップにとどまらず、通学路を中心とした危険箇所や地理的特性を考慮します。

②情報の見える化

　教職員だけが理解するのではなく、児童生徒、保護者、関連機関が容易に理解できる形式でまとめることが重要です。

③地域との協力

　災害情報の提供、緊急避難先、重機の活用など災害が発生した場合の連携を強化します。

④ニーズに合わせた対応

　児童生徒に必要な機材の持ち出しや声の掛け方など適切な対応策を考慮します。

⑤保護者への情報提供

　ラジオへの情報提供、防災無線の活用、集会所への連絡掲示などを考慮します。

学校タイムラインを作成する

　具体的に大雨・洪水を想定した学校タイムラインを作成してみましょう。

想定　10月×日午後8時、台風通過とほぼ同時刻に堤防が決壊した

72時間前	気象庁が大型で強い勢力を持った台風が太平洋沿岸を通過する予報を発表
48時間前	九州の一部ではすでに大雨や突風の被害が出る
36時間前	秋雨前線が刺激を受け、一部地域では断続的に雨が降っている
24時間前	雨脚が強まり、河川の増水が各地から報告されはじめる 大雨洪水警報に切り替わり、自治体からは「警戒レベル3」が出された
12時間前	土砂災害警報も出され、「警戒レベル4」に上がった 台風の速度が速まったことから、公共交通機関の運休が次々発表される ※一部児童生徒はすでに登校している
8時間前	小規模河川が氾濫し、道路が冠水しはじめる
0時間（ゼロ・アワー）	台風通過　　△△川の堤防決壊が発表される

図表4-8　学校版タイムラインの作成例

学校版タイムライン

タイムライン	時間	気象庁・地方気象台 ◇河川国道事務所	市町村・教育委員会	学校の対応	生徒（家庭）・地域
−120hr		□台風情報、早期注意情報「警戒レベル1」		○テレビ・インターネット等による気象情報の確認	○テレビ・インターネット等による気象情報の確認
−48hr	20:00	□台風に関する気象情報「警戒レベル2」	○指定避難所開設準備（市町村）		○避難場所、避難ルート、連絡方法　非常用品確認 ○自宅付近の環境整備（雨戸、側溝、飛来可能物の撤去）
−36hr	8:00	□スーパー台風が上陸する可能性		○保護者への文書配布 ・対応の見通し（休校の判断、引渡方法等・注意喚起 ・自主的に判断し避難することの確認 ・HP、メール等での連絡	○自宅周辺で浸水等のおそれがある場合、家庭の自主判断による安全確保（自宅もしくは避難所） ※場合によっては遠隔地へ避難 ○学校からのメール確認
−24hr	20:00	□台風に関する記者会見（気象庁） 九州の一部で大雨や突風の被害	○市町村災害対策本部設置（市町村）	○校内における災害対応の方針の確認と施設の巡回 ○給食中止連絡・スクールバス変更連絡	
−12hr	8:00	□大雨洪水警報「警戒レベル3」	○高齢者等避難発令「警戒レベル3」（市町村）	○教育委員会との連絡（校長等） ○公共交通機関の運行状況、今後の見通しを確認 ○授業継続、打ちきりの決定 ○近隣学校との連絡 ○保護者への連絡 ○自宅が遠い教職員に早期の退去指示 ※氾濫の危険が迫っている場合は学校に留まることを指示	○児童生徒への声がけ （外出しない、連絡方法の確認） ○学校への引き取り ※氾濫、土砂災害後、下校後、家庭にて安全確保（避難） ○休校措置後、下校後、家庭において安全確保 ○家庭の安否状況の確認
−2hr	18:00	□土砂災害警報「警戒レベル4」 □記録的短時間大雨情報 避難判断水位 氾濫危険水位	○避難指示発令「警戒レベル4」（市町村） ○市町村災害対策本部設置（市町村）	○教育委員会へ災害対応を報告 ○関係者に災害対応を報告 （PTA会長　学校運営協議会　警察　消防　自治体防災課） ○○支所と避難所運営体制の確認 ○避難所の開設 ○自治体との協力体制の確立・必要物品準備・施設等開放区域の明示 ・受付、避難者誘導　など	○避難所への避難 ○地域との連携 消防団、自主防災組織　など ○災害用伝言ダイヤル（171）への伝言などを用い、親戚等へ連絡
0hr	20:00	◇小規模河川が氾濫 □大雨特別警報 **大規模災害の発生**	○緊急安全確保「警戒レベル5」（市町村）		
+8hr	8:00	□警報の継続／解除		○テレビ・インターネット等による気象情報の確認 ○消防署・市役所からの情報収集 ○災害対応・被害の実際等を時系列で記録 ○学校内外の被害確認 ○地域・近隣の学校と情報共有（学区内の状況） ○教育委員会に被害報告 ※安否確認 　停電ではない時、メール等の利用 　停電の時、伝言ダイヤル、学校や避難所への掲示・訪問 ○教育委員会に安否確認・登校・休校の報告 ○学校再開の連絡（教育委員会の指示によるもの）	○テレビ・インターネット等による気象情報の確認 ○自治体からの指示を確認
+12hr	12:00				
+24hr	20:00				○学校への安否連絡、避難所にいるときには家族状況も合わせて
+36hr	8:00			○学校再開	

> **作成の際に注意するポイント**
>
> ①自治体が示しているハザードマップの被害想定を超える被害は想像できませんか
>   通学路の危険箇所を網羅していますか
> ②気象情報や市町村からの防災情報等は誰が収集しますか
> ③児童生徒及び教職員の安全確保のために学校が対応できる早めの行動は何ですか
> ④地域との連携（情報提供、緊急避難、発災後の対応、見守り隊、避難所となる公民館等との連携、緊急搬送病院など）は十分ですか

2 タイムラインの作成をどのように生かすか

　学校タイムライン、マイ・タイムラインともに、いろいろな立場から「いつ」「何をするのか」の妥当性について検討することが必要です。さらには、学校にとどまらず、教育委員会、自治体、消防・警察、保護者と共有することで各主体の整合性が図られます。コミュニティ・スクールが増えてきている中、防災に関する情報も共有し、毎年見直しを図っていくことが有効です。

　例えば、タイムラインを作成・共有することで、発災前後に誰がどこにいるのか、どのような行動をしているのか相互チェック又は補完することができます。作成時に自治体や教育委員会と「午前６時の段階で地域に大雨警報や特別警報が出ているときには、児童生徒を自宅待機とする」と事前に決めておくこともできます。このように防災・減災行動を互いに「見える化」することで被害を小さくすることができます。

第5章 津波に備える防災管理

第1節 災害リスクの把握

> **POINT**
> - ハザードマップを基に学校及び通学路などの浸水想定区域を把握する
> - 海岸から「遠く」「高く」を意識した多段階の計画を立てる
> - 二次避難場所の選定とルートの確保、二次避難が長期に及ぶ場合も想定する

1 学校における津波被害の実態

① 東日本大震災における津波被害と学校の対応

　東日本大震災で被災した岩手・宮城・福島3県全ての国公私立学校を対象とした文部科学省（2012）の調査によると、ハザードマップなどで津波の浸水が予測されていた学校と実際に津波が到達した学校は、合わせて149校ありました。この149校を対象としたアンケート結果から、津波による学校の被害実態と対応についてみていきます。

子どもたちが在校している時間帯に津波が来た
　東日本大震災は、子どもたちの在校時間に発生しました（第1章第1節参照）。津波発生時に児童生徒等が在校していた学校は75.8％にものぼり、小学校では86.8％、中学校では70.6％、幼稚園では63.6％、高等学校では52.9％ありました。特に、大地震の発生後、保護者への引き渡しが行われたタイミングでの被災が多く見られました。
　そうした状況の中、津波によって死亡・行方不明となった児童生徒等がいた学校は20.1％ありました。ハザードマップで浸水予測されていた学校・実際に津波が到達した学校のうち、5校に1校で死者・行方不明者が発生していた深刻な状況がわかります。学校種別に見ると、調査対象の幼稚園の9.1％、小学校の25.0％、中学校の15.2％、高等学校の18.8％でこうした人的被害が発生したことから、小学校での割合の高さが目立ちます。
　状況としては、「下校中に津波に巻き込まれた」とされる事例が最も多く、保護者とともに自家用車で下校中に津波に巻き込まれ死亡・行方不明となった事例などが挙げられて

います。また、学校外へ避難途中に津波に巻き込まれた事例、園児バスが津波に巻き込まれた事例、避難した避難所施設に津波が押し寄せた事例なども報告されています。津波到達までの時間との闘いの中、登下校中も含めた適切な避難行動のあり方について、教職員だけでなく保護者とともに事前に決めておくことが重要です。

事前に予測されていなかった学校にも津波が来た

「ハザードマップなどで津波による浸水が予測されていた場所」に立地していた学校のうち、実際に津波が到達した学校は74.6％（53校）にのぼりました。一方で、「津波による浸水が予測されていなかったにもかかわらず、津波が到達した」学校は69校もありました。さらに、津波が到達した学校（131校。津波による浸水の予測について不明又は無回答の学校9校を含む）のうち、敷地のみ浸水した学校はわずか19.1％であり、半数以上の52.7％の学校で校舎が浸水（床上・床下）しました。こうした状況においては、学校だけでなく周辺の道路も含めて浸水している可能性が高いため、避難行動に大きな影響があります。沿岸地域では、事前の浸水予測のみで判断するのではなく、津波の可能性を含めた防災管理を行う必要性があることがわかります。

実際に、津波による浸水が予測されていた場所に立地していた学校の62.0％で危機管理マニュアルに津波に対する避難行動が規定されていたのに対し、浸水予測のなかった場所に立地していた学校では、津波に対する避難について規定されていたのはわずか36.2％でした。東日本大震災による津波において、本調査対象のおよそ80％の学校で人的被害が発生しなかったことは、日頃からの訓練、適切な避難行動の賜物です。しかし、アンケートからは、想定を超える津波が事前のマニュアルなしに発生した学校もあったことがわかりました。こうした状況を防ぐためにも、津波に備える防災管理を適切に行う必要性があります。

写真5-1　東日本大震災による学校施設の被害写真

出典：いわて震災津波アーカイブ／提供者：岩手県立宮古工業高等学校

出典：東日本大震災文庫（宮城県）／提供者：亘理町立荒浜小学校

❷ 校外活動における津波被害──1983年 日本海中部地震による津波

　1983年に発生した日本海中部地震では、社会科見学で秋田県男鹿市の海岸に来ていた内陸部の学校に通う小学生13人が津波に巻き込まれ死亡するという痛ましい被害がありました。この災害の教訓として、学校が沿岸地域に立地していなくても、教職員は津波に関する知識を身に付けたうえで、遠足や修学旅行先などの災害リスクについても事前に把握し、ハザードマップ・避難場所の確認をはじめとした一次避難を円滑に行えるような体制・マニュアル作成が求められます。

【参考文献】
文部科学省（2012）「東日本大震災における学校等の対応等に関する調査報告書」p.55-62

2 校内のリスクの洗い出し

❶ 学校の立地条件を確かめる

　海岸や河川の河口に近い地域では、自治体が「津波ハザードマップ」を作成しています。平成23年に制定された「津波防災地域づくりに関する法律」に基づき自治体ごとに津波浸水想定が定められましたが、令和に入り、各地で新たに見直しが進んでいます。新たな浸水想定は震源や潮の満潮、高潮などが考慮されています。

　津波が川を遡上する「河川津波」が起こると、海から離れた地域でも堤防を海水が乗り越えることが考えられます。さらには、気象庁が津波予報で発表する「津波の高さ」は、海岸付近での津波の高さのことで、津波が陸地を駆け上がった「遡上高」とは異なります。例えば、東日本大震災時に宮城県女川町において最大津波高14.8mと発表されていますが、最大遡上高は34.7mであり、海抜16mの高台にある女川町立病院（現在の女川町地域医療センター）の１階天井付近まで津波が押し寄せました。

図表５-１

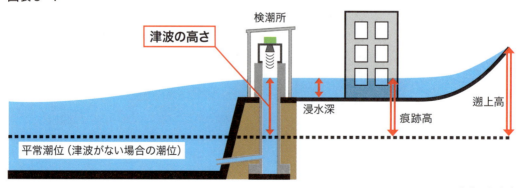

出典：気象庁

海岸都市部の学校では「都市型津波」にも気を付ける必要があります。東日本大震災では仙台市に隣接する多賀城市において海から、河川から、下水道から、と様々な経路で海水が都市部に入り込む複雑な津波が起こりました。ビルや工場、倉庫が立ち並び、海が直接見えないところで起きたこの津波は、予想外の方向から予想以上の高さや勢いの海水が入り込み、多くの犠牲者を出しています。

写真5-2

出典：多賀城見聞録

これらの観点から学校立地や通学路について、ハザードマップを確認しましょう。
①ハザードマップは新しい「津波浸水想定区域」を基にしたものですか
②学校は海岸付近の山腹などに立地していませんか
③学校は海岸付近あるいは河川からどれくらい離れていますか
④通学路や保護者の送迎路は津波浸水想定区域になっていませんか

❷ 津波到達時間をシミュレーションする

　海岸に近く、震源が浅いほど津波到達時間は短くなる傾向にあります。現在では海底や海面に様々なセンサーが設置され、津波到達時間の目安が気象庁から発表されます。津波の大きさに応じて「津波警報」「大津波警報」が発出されますが、これらの情報を得ながら時間がある場合には、海岸から離れたなるべく高い場所への避難が原則です。しかし、能登半島地震のように津波の到達が早い場合には、頑丈な建物での垂直避難を行うことになります。校舎の最上階や屋上なども考えられますが、初めから「ここまでは来ないだろう」と思わずに「想定外」を予想した避難が必要です。特に児童生徒は地震の揺れだけでパニックになっていることが考えられます。落ち着かせて素早い避難行動を行うためには、常日頃の訓練が有効なのは言うまでもありません。

　強い揺れが長く続いた場合には、即時に避難を開始しましょう。強い地震の場合には、停電が起こることが多く放送設備は使えません。教職員が互いに声を掛け合って残留者がいないように気を付けながら避難を開始します。津波発生時には学校へ戻り、不明者を捜索することはできません。出席簿など名簿を持参して人員を確認しながら避難することが望まれます。

　避難途中でも道路状況が悪化し、避難に時間がかかったり、余震により建造物の倒壊や土砂崩れなどが発生して、想定よりも多くの時間を要することがあります。避難経路ごと

にどれくらいの時間がかかるのかシミュレーションしておきましょう。

また、チリ地震津波のように海外が震源で到達まで時間のかかる津波や、揺れが小さくても大きな津波が来る津波地震についても、すばやく情報を収集し、慎重に対応する必要があります。

①大きな揺れが長時間続いた場合には、避難を即座に開始する
②避難場所、経路を複数決めておき、状況に応じて選択する
③避難経路の安全性を確認しておく（ブロック塀の倒壊、家屋の倒壊、土砂崩れの危険、季節や天候による状況変化）
④避難場所までの移動時間をシミュレーションしておく

③ 避難時の備えや備蓄場所を点検する

　津波発生時の避難は時間との闘いになります。よって、校外へ避難する場合には必要最低限のものを持ち出すことしかできません。児童生徒には夏であれば水分、冬であれば外套などの最低限のものだけを持参させましょう。教職員は応急措置ができるセット、情報を得るためのラジオなどがあると避難時に役立ちます。これらは職員室や事務室など一か所にまとめておきましょう。まずは命が大切です。余分なものはなるべく持参せずに移動することが肝要です。

　また、低層階への浸水にとどまることが想定される地域の場合には、校舎内での垂直避難が考えられます。よく、非常食や毛布などをストックする防災倉庫が校舎外に設置されていることを目にします。おそらく、地域住民への解放を考えての措置だと思われます。しかし、津波により倉庫の流出や浸水があると、せっかくの備えが役立ちません。この事態は洪水で浸水が予想されている地域にも当てはまります。できるだけ階上の倉庫や空き教室などに保管するようにしましょう。

①最低限の持ち出し品は一か所にまとめられていますか
　（できればリュック等で両手が空く荷物になっているとよい）
②備蓄品は津波や洪水で浸水しないところにストックされていますか

④ 保護者との取り決め

　地震が起こると子どもを引き取りに保護者が来校することがあります。しかし、津波は

いつ来るのか、どの程度の大きさで来るのか予想することが難しい災害です。東日本大震災でも子どもを迎えに来る途中の保護者が、あるいは子どもを引き取った保護者が津波に遭遇する事故が起こっています。自動車はタイヤ直径の半分以上に水面が達すると車体が浮き上がり走行が不可能となり大変危険です。

「津波警報」が発令されている間は、浸水想定区域に立ち入らないことが原則です。発災時には情報も不足していることもあり、心配のあまりに行動してしまうことがありがちです。浸水想定区域に学校や通学路がある場合には、送迎を行わないことを保護者と取り決めておきましょう。学校はWeb171を利用するなどして避難状況や避難場所を周知する手段を確保しましょう。

避難先に備蓄する工夫例

　南海トラフ地震が起きたとき最大34mもの津波のおそれがあるとされた高知県黒潮町では、犠牲者ゼロを実現するために防災・避難インフラの整備計画を立て、町内に6基の避難タワーを整備しています。津波浸水危険区域の住民の情報収集を行い、援助の必要性や希望の避難手段、自宅の耐震状況などを記載する「戸別避難カルテ」を作成しています。

　また、避難タワーには各戸別に避難時に必要なものを収納するケースが整備され、いち早く避難するための準備がなされています。

第2節　二次避難・三次避難

POINT
- 一次避難で大丈夫、ここまで来れば大丈夫という意識を持たない
- 一度避難した場所でも、その後の状況を見ながら二次避難、三次避難に備える
- 二次避難、三次避難する場所を複数想定しておく

1　二次避難・三次避難の検討

　「津波警報」が発令され一次避難場所である学校上層階に避難した後に、「津波警報」が「大津波警報」に切り替わったり、過去の津波遡上高を超えるような津波が予想されたりする場合には、速やかに二次避難する必要が出てきます。また、一次避難場所が津波火災（延焼している漂流物：津波時には漁船、石油タンク、ガスボンベなどの可燃危険物が漂流している）によって延焼する懸念があるときには二次避難が必要です。

　東日本大震災では、宮城県南三陸町戸倉小学校が次々に避難場所を移していった事例があります。当初避難マニュアルどおりに3階建ての校舎屋上に避難するものの、校長らの判断で更に高い神社へと避難を指示して難を逃れています。チリ地震津波の経験から高台への避難もマニュアル作成時には検討されていましたが、交通量の多い国道を横断するリスクなどから校舎屋上が避難場所となるマニュアルとなっていました。この事例では、住民らの過去の経験に照らし合わせた賢明な判断により、無事に児童全員が避難できました（宮城県HP参照、https://www.pref.miyagi.jp/documents/17564/12404.pdf）。

　この事例が示すように、津波の避難については、一次避難場所の選定だけにとどまらず、二次避難場所、三次避難場所の選定も行う必要があります。逆に一次避難場所と計画していたところまで到達が不可能と判断したときの、仮の避難場所も想定する必要があります。

　二次避難するようなケースは避難している時間が長時間にわたることが考えられるので、可能な限り児童生徒の体力を鑑み、情報機器や非常食料、毛布などが整備されている場所を自治体と相談しながら選定しておくと安心です。

特別支援学校での対策

POINT

- 訓練を通して避難にかかる時間や必要なリソースをシミュレーションしておく
- 避難行動の支援を得やすくするために、地域と連携し一緒に訓練ができる関係づくりを進める

　初動と移動に時間がかかる障害のある子どもたちにとって、津波からの避難は時間との闘いです。地震の揺れの後の避難にどの程度の時間がかかるのか、様々な状況を想定した訓練を繰り返し、1分1秒でも時間短縮できる方法を考えましょう。例えば、全員が同じ方法で同じ場所に避難するといった方法だけでなく、対策本部が安否を把握した集団から順次避難を開始するとか、電源が必要な子どもは別の避難先を選択するとか、車いすの避難と徒歩の避難ルートを分ける、といったあらゆる選択肢を検討します。

　斜面を登る必要がある場合は、1年を通して避難路が確保できるよう、地域と連携して整備を進めましょう。避難行動に支援が必要な人も移動できる避難路が整備されることが理想ですが、難しい場合は子どもを背負って避難する道具を準備して訓練を行います。

　沿岸の都市部では、近隣のビル等への垂直避難が有力な避難方法となり、階段歩行が難しく体の大きい子どもを短時間で上階に移動させる方法が課題です。教職員のみでは全員の避難支援は困難だと考えられますから、外部の手助けが得られることが理想です。近隣の企業や中等・高等教育機関と日頃から交流したり、訓練をすることで、災害時の協力関係を築いておきます。一緒に避難をするためには、例えば、車いすに乗った子どもを階段で運び上げる際、何人でどの場所を把持して何に留意しながら運べばよいのか、といった実践的な知識と技術が必要です。こうした機会は、地域の中で障害の理解を進めるチャンスとも捉えられます。企業や一般の学校にとってはSDGs等の取組を進める機会にもなりますから、学校内で対処しきれない部分は積極的に相談を持ち掛けてみましょう。

　生命維持に電源が必要な子どもの場合は、津波による停電と救助の遅れは命に直結します。屋上等に非常用電源のある避難先を選択することや、行政と協力して医療機器が使える非常用電源を避難先に備蓄しておく等の備えが必要です。

第6章 火山災害に備える防災管理

第1節 災害リスクの把握

POINT
- 学校付近における活火山の立地を確認する
- 学校が被災した事例を知る
- 火山噴火による被害の概要と留意事項を確認する

1 日本における活火山の立地と災害の実態

① 日本は火山列島

　日本に活火山、すなわち近い将来、噴火するかもしれない火山はいくつあるでしょうか？ 2024年の時点では111の火山が、活火山に認定されています。地球上（陸地に限る）には、約1,500の活火山が知られています。これは、世界中の活火山のうち、7％ほどが日本列島にあるということです。日本列島は地球上の陸地の約0.3％しかありませんので、「7％」という値は、世界的に見れば、ものすごく活火山が密集した地域であることを示しているのです。

　また日本では、活火山が全国にまんべんなく散らばっているわけではなく、島根県以西、石川県以東及び山梨県以南に分かれ、列をなして分布しています。ですから、火山災害に備える第一歩は、自分たちの学校の近くに活火山があるのかないのかを確かめることです。活火山から連続する緩やかな斜面の上に学校が建っていたり、想定される火口から数kmも離れていないのであれば、噴火が発生した場合、大きな災害に巻き込まれる可能性があることを想定しておく必要があるでしょう。

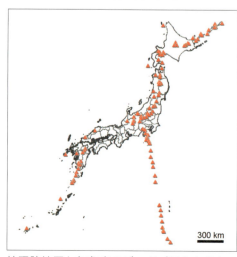

図表6-1　日本の活火山の分布

地理院地図と気象庁のデータ（活火山分布：KMLファイル）を用いて作図

ちなみに日本では、2003年に火山噴火予知連絡会によって活火山の定義が見直され「概ね過去1万年以内に噴火した火山及び現在活発な噴気活動のある火山」を活火山としています。噴気活動とは水蒸気をはじめとする火山ガスを噴出する活動のことを指します。

活火山の定義の中に含まれる「概ね」の大切さ

　日本の活火山の定義には「概ね過去1万年以内に噴火……」のように「概ね」が含まれています。なぜ「1万年」ではなく「概ね1万年」である必要があるのでしょうか。2003年に活火山を再定義する際に、アメリカのスミソニアン研究所の火山データベースの基準に合わせたのですが、この基準は、「完新世に噴火した火山」を活火山とするというものです。完新世とは地球の歴史の中で最も新しい時代を指す名称で、1.17万年前から現在までの間を指します。本当は「完新世に噴火した火山」若しくは「過去1.17万年以内に噴火した火山」としたいところですが、それでは一般の方にとって理解しづらいので、「概ね1万年」と表記されているのでしょう。

　1975年に火山噴火予知連絡会が初めて日本の活火山を定義したときは、「噴火の記録のある火山及び現在活発な噴気活動のある火山」としました。1991年に同会が見直した際には「過去およそ2000年以内に噴火した火山及び現在活発な噴気活動のある火山」としています。このように過去の定義を振り返ってみると、2003年以前は、人間の歴史（有史）を意識したものに見えます。しかし、有史以来、噴火の記録のなかった御嶽山が1979年に突如噴火し、火山の噴火は人間の活動（都合）とは関係なく、地球の表面で発生する現象であることを印象付けました。このように、「人間ではなく、地球の時間の流れの中で火山という存在を評価しないといけない」という戒めが、現在の定義の中の「概ね」に表れているのだと思います。授業などで活火山の定義を紹介することがあれば「概ね」を意識してみるとよいでしょう。

2 日本における主な火山災害

最近100年間に日本で死者行方不明者及び複数の負傷者が発生した火山災害の事例を図表6-2に示します。それらの原因を見ると、噴石と火山ガスがそのほとんどを占めていることがわかります。

図表6-2 最近100年間の日本における主な火山災害

発生年月	火山名	地域	原因	被害状況
1926年2月	十勝岳	北海道	火山泥流	死者・行方不明者144名、負傷者209名
1929年6月	北海道駒ヶ岳	北海道	噴石・降灰	2名死亡（倒壊家屋下敷き含む）、4名負傷
1930年8月	浅間山	群馬・長野県	噴石	火口付近で6名死亡
1931年4月	口永良部島	鹿児島県	噴火	新岳の西側山腹で爆発的噴火。土砂崩壊、2名負傷
1931年8月	浅間山	群馬・長野県	噴石	登山者3名負傷
1932年10月	草津白根山	群馬県	噴石	火口付近で2名死亡、7名負傷
1932年12月	阿蘇山	熊本県	噴石	火口付近で13名負傷
1933年5月	箱根山	神奈川県	噴気異常	大涌谷で1名死亡
1933年12月〜1934年1月	口永良部島	鹿児島県	噴火	七釜集落全焼、8名死亡、26名負傷
1936年7月	浅間山	群馬・長野県	噴石	登山者1名死亡
1936年10月	浅間山	群馬・長野県	噴石	登山者1名死亡
1938年7月	浅間山	群馬・長野県	噴石	登山者若干名死亡
1940年7月	三宅島	東京都	噴火	噴火（火口の真上）により、11名死亡、20名負傷
1941年7月	浅間山	群馬・長野県	噴石	1名死亡、2名負傷
1944年8月	有珠山	北海道	降灰	降灰による窒息で1名死亡
1946年5月	桜島	鹿児島県	土石流	1名死亡
1947年8月	浅間山	群馬・長野県	噴石	登山者9名死亡
1950年9月	浅間山	群馬・長野県	噴石	登山者1名死亡、6名負傷
1952年9月	ベヨネース列岩	東京都	噴火	調査中の海上保安庁水路部観測船第5海洋丸遭難31名殉職
1953年4月	阿蘇山	熊本県	噴石	観光客6名死亡、90余名負傷
1955年10月	桜島	鹿児島県	噴石	1名死亡、9名負傷
1957年10月	伊豆大島	東京都	噴石	火口付近で1名死亡、53名負傷
1958年6月	阿蘇山	熊本県	噴石	12名死亡、28名負傷
1958年7月	大雪山	北海道	火山ガス	御鉢平有毒温泉の噴気孔付近で登山者2名死亡
1961年6月	大雪山	北海道	火山ガス	御鉢平火口底で登山者2名死亡
1962年6月	十勝岳	北海道	噴石	5名死亡、11名負傷
1962年6月	焼岳	長野・岐阜県	噴石	火口付近で2名負傷
1964年2月	桜島	鹿児島県	噴石	登山者8名負傷
1966年11月	口永良部島	鹿児島県	噴石	3名負傷
1967年11月	弥陀ヶ原	富山県	火山ガス	2名死亡
1971年12月	草津白根山	群馬県	火山ガス	温泉造成のボーリング孔のガス（硫化水素）もれにより6名死亡
1974年7月	新潟焼山	新潟県	噴石	登山者3名死亡
1974年8月	桜島	鹿児島県	土石流	8名死亡
1976年8月	草津白根山	群馬県	火山ガス	本白根山白根沢（弁天沢）で登山者3名死亡
1978年10月	有珠山	北海道	火山泥流	2名死亡、1名行方不明、2名負傷
1979年9月	阿蘇山	熊本県	噴石	楢尾岳周辺で3名死亡、11名負傷
1986年11月	桜島	鹿児島県	噴石	古里町のホテルで6名負傷
1991年6月	雲仙岳	長崎県	火砕流	死者不明者43名
1993年6月	雲仙岳	長崎県	火砕流	死者1名
1995年2月	焼岳（中ノ湯）	長野県	水蒸気爆発	作業員4名死亡
1997年7月	八甲田山	青森県	火山ガス	田代平で訓練中の陸上自衛隊員3名死亡
1997年9月	安達太良山	福島県	火山ガス	沼ノ平で登山者4名死亡
1997年11月	阿蘇山	熊本県	火山ガス	火口縁で観光客2名死亡
2014年9月	御嶽山	長野・岐阜県	噴石	登山者58名死亡、5名行方不明
2018年1月	草津白根山	群馬県	噴石	1名死亡、11名負傷

気象庁活火山総覧、主な火山災害年表に基づき作成

噴石による被害

　噴石とは、爆発的な噴火によって飛散するマグマの破片や火口周辺をつくっていた岩石の破片を指します。気象庁では、おおむね直径20〜30cm以上のものを「大きな噴石」、直径数cm程度のものを「小さな噴石」に区分しています。「大きな噴石」は、風の影響を受けずに火口から放物線（弾道）を描いて飛んできます。一方、「小さな噴石」は風の影響を受け、火口から遠くまで流されて降ってきます。ただし、「小さな噴石」であっても火口から１km以内では弾道を描いて飛散し、致命傷を与えることがあります。

　大きな噴石は、どのくらいの範囲まで飛散するのでしょうか？ 2020年６月の桜島（鹿児島県）の噴火では、34年ぶりに火口から約３km離れた地点まで「大きな噴石」が飛来したことが確認され、2022年７月の噴火でも弾道を描く噴石が、火口から東方へ約２.４km離れた場所まで飛散したことが確認されました。また、死者行方不明者63名を出した2014年９月の御嶽山（長野県・岐阜県）の噴火では、直径が約20cmの噴石が火口から１.２kmほどのところまで飛散しました。前触れなく突発的に発生する噴火は、比較的小規模なことが多いので、火口から３km以上離れた場所にいれば、噴石によって命を落とす可能性はとても低いといえます。ただし、2011年の新燃岳（鹿児島県・宮崎県）の噴火では約９km離れた地域まで「小さな噴石」が到達して太陽電池パネルなどが破損しました。さらに、2013年の桜島の噴火でも約８km離れた場所で「小さな噴石」により車の窓ガラスにひびが入る被害が生じましたので、火口から10km以内の範囲では「小さな噴石」に注意する必要があります。

火山ガスによる被害

　火山ガスは火山活動で噴出する気体です。その主成分は水蒸気（H_2O）ですが、二酸化硫黄（SO_2）や硫化水素（H_2S）、二酸化炭素（CO_2）なども含まれます。低温の火山ガスは大気よりも重いため、噴気孔周辺の凹地に滞留することがあります。そういった場所に入り込んでしまうと、ガス中毒を起こして死に至ることがあります。ですが、火山ガスは風などによって大気中に拡散してしまえば、再び濃集することはありませんので、噴気孔（火口）の周辺以外では被害に遭うことは、まずないといえます。

　このように死者や複数の負傷者を出すような火山災害（噴石や火山ガス中毒）は、日本では火口周辺で発生することがほとんどですので、桜島や三宅島（東京都）、有珠山（北海道）、雲仙岳（長崎県）などの居住地と火口が近い火山以外では、学校や家で遭遇することはほとんどないと考えてよいでしょう。一方で、学校登山や林間学校、遠足などで活火山に近づく場合は、突発的な噴火や火山ガスによる中毒に注意する必要があります。

2 学校の被災事例及び注意すべき被害とその対策

1 学校が被災した噴火

　1983年10月3日、三宅島（東京都）の噴火では、島の南西側に割れ目状に開いた火口から大量の溶岩が流れ出し、麓にあった旧阿古小中学校まで溶岩流が押し寄せ、校庭と校舎が飲み込まれました（写真6-1参照）。この噴火では3日の15時20分頃、割れ目火口から溶岩の流下が始まり、谷の中を約3.5km流れて同日の18時頃に旧阿古小中学校のあった集落に到達しました。このように溶岩の流下速度はそれほど速くないので避難することはそれほど難しいことではありません。しかし、移動することができない建物や道路など、インフラの被害は免れることができないことを示しています。

　1991年9月15日、雲仙岳（長崎県）の噴火では、火口（溶岩ドーム）から4kmほど離れた場所にあった旧大野木場小学校が付近の民家とともに高温の火砕流により全焼しています。溶岩と違って火砕流は、巻き込んだ木を完全に炭化させるほどの高温を保持したまま、時に時速100kmを超す速度で流れ下るため、非常に危険な現象です。同年6月3日に発生した火砕流では43名もの死者行方不明者を出す大災害になってしまいました。この時の教訓が生かされ、旧大野木場小学校周辺は警戒区域に指定されて立入りが禁止されていたために、9月15日の火砕流では人的な被害はありませんでした。

　2000年の有珠山（北海道）の噴火では、最も近い火口から500m程度しか離れていなかった、旧とうやこ幼稚園の園舎が無数の噴石の直撃を受けました。この噴火では、地元の研究者の努力もあり、噴火前に緊急火山情報が発表されて避難が完了していたため、人的被害はありませんでした。

　これらの建物は災害遺構として保存・公開されています（写真6-2、6-3参照）。

写真6-1　溶岩流に飲み込まれた旧阿古小中学校の校舎

奥に見える山は三宅島の雄山。

写真6-2　火砕流により全焼した旧大野木場小学校の校舎

左奥の建物は復興みらい館。普賢岳の平成新山からわずかに噴気が上がっている。

写真6-3　多数の噴石の直撃を受けて穴だらけになった旧とうやこ幼稚園園舎の壁

写真中央には壁に噴石が突き刺さっている。隣の人物と比べるとその大きさがよくわかる。

2 火山灰による被害

　学校の近くに活火山がなくても、100km以内の範囲で学校の西側（南西や北西側も含む。）に活火山がある場合は、火山灰に注意が必要です。噴火で空高く舞い上がった火山灰が偏西風などの影響で火山の東側に飛ばされて、広い範囲に細かい火山灰が降ることがあります。2014年の御嶽山の噴火では、長野県・岐阜県だけでなく山梨県でも降灰が確認されました。

　火山灰は小さな石のかけら（写真6-4参照）ですので、目や肺に入ると大変です。ぜんそくや気管支炎、心臓に病気を抱える人は特に注意が必要です。また、火山灰がわずかに積もっただけでも、センターラインや横断歩道などの道路の標示が見えなくなりますし、タイヤがスリップしやすくなるため、とても危険です。実際に桜島を抱える鹿児島市では、降り積もった火山灰の影響で車のスリップ事故や路面電車の脱線事故などが発生したことがあります。

　また、電柱や送電線の鉄塔に取り付けられている碍子に火山灰が付着し、雨が降って濡れると漏電を起こし、大規模な停電が発生する可能性があります。ですから、たくさんの火山灰が降ると予想される地域では停電に関する対策も必要となるでしょう。噴火の規模にもよりますが、数日から数週間、停電が続く可能性もあります。学校ではポンプを使って水を屋上のタンクに引き上げてから使用している場合が多いので、長期間にわたって停電が継続した場合、断水も発生するため、トイレが使用不能になることも想定しておく必要があります。このほか、空気中を漂うような細かい火山灰の粒子が、パソコンなどの電子機器の内部に侵入すると、作動不良や故障を引き起こすことがあります。このような障害が発生した場合、インターネットを利用した通信網が使用できなくなります。電話回線など、インターネットとは別の連絡手段を検討しておく必要もあるでしょう。

　直接命を落としたり、大きなケガを負ったりすることはないかもしれませんが、降灰により日常生活に大きな障害が生じる可能性が高いため、気象庁では、噴火が発生した場合、どの範囲にどの程度の火山灰が降り積もりそうなのかを予測して発表する降灰予報（https://www.jma.go.jp/bosai/map.html#5/37.979/135/&contents=ashfall）を運用していますので、遠くの火山であっても噴火が発生したとの知らせがあれば確認してみるとよいでしょう。

写真6-4　2009年2月2日の浅間山の噴火で噴出した火山灰の粒子

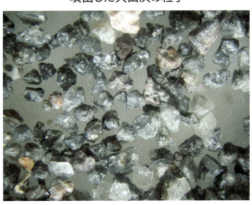

長野県軽井沢町（浅間山の南東側）で採取した火山灰を水洗、乾燥後、実体顕微鏡で撮影。顕微鏡写真の横幅は約11mm。

❸ 空振による被害

　比較的大きな爆発的な噴火が発生した場合、学校や家が火口から10km以上離れていても、空振と呼ばれる現象によって多数の窓ガラスが破損する被害が、桜島や新燃岳、浅間山などで発生していますので注意が必要です。空振とは、爆発的な噴火によって発生した急激な気圧の変化が、衝撃波として空気中を伝播していく現象で、噴火の規模や火口からの距離にもよりますが、衝撃により建物が被害を受けることがあります。

　2011年の新燃岳（鹿児島県）の噴火では、火口から直線距離で10kmほど離れた学校で窓ガラスが割れる被害がありました。幸いこの時は、人的被害はなかったようですが、空振の伝わる速度はとても速い（音速に近い）ので噴火を確認した場合は、直ちに火山がある側の窓から離れた方がよいでしょう。この学校では、火山側の窓ガラスには飛散防止フィルムを貼るとともに、噴火でガラスが割れる可能性があることを示す注意書きを掲示していました（写真6-5参照）。火山から数十km離れていても、火山と学校との間に地形的な障壁等がなく、窓から火山がよく見通せる場所に学校が立地している場合は、空振に備えた方がよいでしょう。

写真6-5　窓ガラスの空振対策例

新燃岳がよく見える側の窓ガラスには飛散防止フィルムが貼られ、注意を促す掲示がある。

第2節　噴火に備える

> **POINT**
> ・ハザードマップで想定されるリスクを把握する
> ・1年に1度は避難マニュアルの検討・見直しを行う
> ・活火山に近い学校の取組を参考にする

1　リスクの確認とマニュアルの検討・見直し

❶ 万が一の噴火に備える——活火山のハザードマップを調べる

　学校の近くに活火山があれば、ハザードマップ（災害危険予測図）や防災マップ（ハザードマップを基にして、避難場所や避難経路などをまとめた地図）を探してみましょう。まずは、ハザードマップポータルサイト（https://disaportal.gsi.go.jp/）の「わがまちハザードマップ」で探してみるとよいでしょう。学校の所在地や住んでいる市町村名を入力すると、その自治体で公開されているハザードマップ一覧を確認でき、各自治体のホームページを通じてマップを見ることができます。

❷ 活火山の状況を調べる

　学校登山や遠足で活火山の近くに行くことがあるかもしれません。火山は美しい景観を生み出すので、国立公園や国定公園には火山が含まれていることが多いのです。行き先やその近くに活火山があれば、現在、その活火山がどのような状況なのかを調べましょう。気象庁の火山登山者向けの情報提供ページ（https://www.data.jma.go.jp/svd/vois/data/tokyo/STOCK/activity_info/map_0.html）で個々の活火山の状況を確認することができます。

　また、常時観測されている50の活火山では、噴火警戒レベル（図表6-3参照）が運用されていますので、こちらもチェックするとよいでしょう。噴火警戒レベルを理解するうえで大切なことは、噴火の大きさ（規模）だけでレベルが決まるわけではない、ということです。市街地から遠く離れた火山で噴火が発生した場合と市街地近くの火山で発生した場合では、同じ規模の噴火であったとしても、被害の大きさはまったく異なります。また、火山には個性があり、噴火の仕方（噴火様式）もそれぞれ異なるので、噴火警戒レベルは

一様ではなく、各火山の実状に合わせて個別に作成されています。

図表6-3　噴火警戒レベル

種別	名称	対象範囲	噴火警戒レベルとキーワード		火山活動の状況	住民等の行動及び登山者・入山者等への対応
特別警報	噴火警報（居住地域）又は噴火警報	居住地域及びそれより火口側	レベル5	避難	居住地域に重大な被害を及ぼす噴火が発生、あるいは切迫している状態にある。	危険な居住地域からの避難等が必要（状況に応じて対象地域や方法等を判断）。
			レベル4	高齢者等避難	居住地域に重大な被害を及ぼす噴火が発生すると予想される（可能性が高まってきている）。	警戒が必要な居住地域での高齢者等の要配慮者の避難、住民の避難の準備等が必要（状況に応じて対象地域を判断）。
警報	噴火警報（火口周辺）又は火口周辺警報	火口から居住地域近くまで	レベル3	入山規制	居住地域の近くまで重大な影響を及ぼす（この範囲に入った場合には生命に危険が及ぶ）噴火が発生、あるいは発生すると予想される。	住民は通常の生活。状況に応じて高齢者等の要配慮者の避難準備等。登山禁止・入山規制等、危険な地域への立入規制等。
		火口周辺	レベル2	火口周辺規制	火口周辺に影響を及ぼす（この範囲に入った場合には生命に危険が及ぶ）噴火が発生、あるいは発生すると予想される。	住民は通常の生活。火口周辺への立入規制等。
予報	噴火予報	火口内等	レベル1	活火山であることに留意	火山活動は静穏。火山活動の状態によって、火口内で火山灰の噴出等が見られる（この範囲に入った場合には生命に危険が及ぶ）。	状況に応じて火口内への立入規制等。

図表6-4　噴火警戒レベルの対象範囲のイメージ

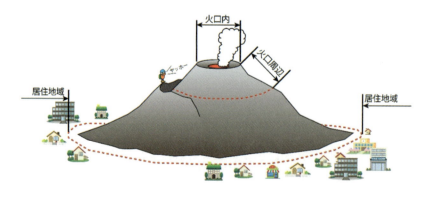

日本火山学会編集「安全に火山を楽しむために」に収載のイメージ図を参考に作図

❸ 学校で作成したマニュアルや備蓄を生かすために

　霧島山（宮崎県・鹿児島県）や浅間山（長野県・群馬県）などの活火山の付近では、噴火を想定した避難マニュアルを作成している学校が多く、中には保護者への引き渡し訓練を実施している学校もあります。ただ、噴火はそうそう発生しないため、マニュアルが作成されていても、教職員の異動などで引き継がれず、その存在が忘れられていることもあるようです。そのようなことにならないために、1年に1度は噴火を想定した避難マニュアルを最新の情報を基に検討・見直してみるとよいでしょう。そして、マニュアルに書かれた行動をとるための基準が明確か、確かめましょう。

　例えば、「少量の火山灰だが、授業が困難な場合、保護者に緊急集団下校の連絡をする」「多量の火山灰や噴石のおそれがある場合、保護者に迎えの要請をする」との記述があったとします。どのくらいの降灰までが少量で、どのくらいの降灰があったら多量なのか、噴火時に判断できそうですか？　もし判断ができなければ、せっかくのマニュアルも役には立ちません。マニュアルを生かすためには、噴火発生時の状況を具体的にイメージしておく必要があるといえるでしょう。図表6-5では、浅間山の噴火により被害を受ける可能性のある学校の避難マニュアルを素材として、マニュアルの作成や見直しの際に留意したいポイントについてコメントしています。ぜひ参考にしてください。

　噴火発生時にどのようなことが起こるのか、具体的にイメージできないようなら火山のハザードマップや防災マップを調べてみましょう。それらには噴火が発生した場合、「どの範囲でどんなことが起きるのか」が具体的に記載されているはずです。

　また、火山灰や小さな噴石に備えてマスクの備蓄やヘルメットを準備しているのであれば、どこにどのくらいの量が確保されているのか、マニュアルと同様に1年に1度は確認して、複数の教職員で情報を共有しておくと、いざというときに慌てずに済むでしょう。

図表6-5　長野県小諸市の中学校で作成されている噴火に伴う避難マニュアルの例

簡潔に箇条書きで表現されているのは、わかりやすくてよいのですが、具体的に検討しておかないと、いざというときに、行動できないのではないでしょうか。

浅間山の噴火に伴う避難について

「小諸市地域防災計画」の中の浅間山火山対策関係を基本に、本校独自の避難マニュアルを策定する。

（1）小・中規模の噴火について

◎在校時
① 噴火の状況を把握し、適切に対応する。　〔どうやって把握しますか？　どうやって情報収集しますか？　適切に対応するとは？（どのような現象にどのように対応する？）〕
　→ 風向きによっては降灰もありうるので、窓ガラスを締め切る。
　→ 避難が必要な場合は、避難訓練に準じて行う。　〔どのような状況が避難が必要な場合ですか？〕
② 情報収集に努め、以降の行動について十分に検討する。　〔誰が、いつ、どうやって検討しますか？〕
　→ 必要な場合は、学級の連絡網により家庭連絡を行い、集団下校を行う。

◎登校時
① 噴火の状況によっては、近くの民家に避難する。　〔学区内の住民と学校との連携がとれていますか？〕
② 噴火に備えて、タオル・マスク等をカバンの中に入れて携帯する。

（2）小・中規模以上の噴火について

◎在校時
① 教育委員会の指示に従い、小諸市内の小・中学校として対応する。　〔普段から連絡をとり合い連携がとれていますか？〕
② 窓ガラス等、危険箇所には近づかない。　〔なぜ窓ガラスに近づいてはいけないのか、説明できますか？　窓ガラス"等"、窓ガラス以外に危険な箇所とは？〕

◎登下校時
① 近くの民家又は避難施設に避難する。家庭連絡により、所在を知らせる。
② 噴石には十分注意し、民家等に素早く避難する。　〔学区内の住民と学校との連携がとれていますか？〕
③ 小諸市から緊急放送、小諸市の広報車の情報・指示により行動する。　〔情報や指示をどのように伝達し、共有しますか？〕

（3）避難施設としての対応

① 小諸市の指示に従い、アリーナ及び校舎を避難施設として開放する。　〔誰が、いつ、どうやって開放しますか？〕
　→ 開錠し施設の使用について説明する。普通教室には入らない。
　→ トイレ、水道、駐車場（校庭を開放）の説明。
　→ 電話の増設等、必要な物は小諸市へお願いする。
② 学校職員の対応について確認しておく。　〔何をどこまで確認しておく必要があるでしょうか？〕

2 火山付近の学校の取組

① 桜島における学校の防災管理の取組

　鹿児島県の桜島は、頻繁に噴火を繰り返す日本で最も活動的な火山です。鹿児島地方気象台によると、2011年には1,355回、2015年には1,252回の噴火が記録されています。

　桜島で発生する噴火のほとんどは、ブルカノ式噴火と呼ばれる単発的で爆発的な噴火で、細かい火山灰だけでなく比較的大きな噴石を麓まで飛ばすことがあります。地元の新聞によると、2020年６月４日の噴火では桜島南岳の山頂火口から南南東へ約３km離れた地点で、噴石によってできた直径約６m、深さ約２mの穴が確認されました。しかもこの噴石の落下地点は、最寄りの民家からわずか150mほどしか離れていませんでした。このように桜島に住む人々は、噴火と隣り合わせの生活をしています。

　これほど噴火が身近な場所は、日本にはほかにないかもしれません。ですが、このような地域でどのような防災の取組がされているのかを知っておくことは意味があると思います。ここでは桜島の小学校における防災管理の取組を紹介します。

日常的な降灰や噴石（噴火警戒レベル３以下）への備え

　鹿児島市から児童一人ひとりにヘルメットが配付され、ヘルメットには個人を識別するためのバーコードが付けられています。ヘルメットは噴火していなくても登下校や校外行事等の時は着用する決まりになっています。降灰があるときは学校に保管しているゴーグルを着けて集団下校するか、一斉連絡網で保護者に連絡し、迎えに来てもらうようになっています。降灰時は窓を開けられなくなるので校舎にはエアコンや全熱交換器が設置され、プールは屋根と壁に覆われています。退避舎や退避壕の場所を示した地図を作成し、児童に配付しています。毎週月曜日に集団下校訓練を実施し、子どもたちの防災意識を高める活動を平時から行っています。

全島避難が必要な大きな噴火（噴火警戒レベル４以上）への備え

　噴火警戒レベルが４以上に引き上げられた場合、島外への避難が必要になるため、学校独自の避難訓練だけでなく鹿児島市主催の桜島火山爆発総合防災訓練にも参加し、避難経路や避難集結地、避難時における心構えを確認しています。桜島の噴火と地震を想定した40ページほどの避難時対策資料が作成され、各クラスに配置されています。その内容は毎年見直され更新されています。資料に掲載されている防災対策指令系統は、①児童が学校にいる時、②登下校時、③自宅にいる時、④休日等に区分して、具体的に策定されています。

噴火を繰り返す火山との共生（桜島に対する理解を深めるために）

　３〜６年生は総合的な学習の時間等を使って桜島をテーマにした学習を行っています。５・６年生は桜島を歩いて半周する遠足も活用して島内の魅力を調べ、文化祭で地域の方

に発表することで実感を伴った理解につなげています。また、高学年は校内にある桜島爆発記念碑（大正噴火の被害を伝える石碑）の碑文を自然と暗記しており、その内容を文化祭で地域の方に紹介することで、過去の火山災害の記憶を継承しています。

学区内の防災マップづくりと避難退避壕調査（信州大学廣内研究室との共同研究）

「大爆発した時、安全に避難するためには」をテーマとして、信州大学教育学部の廣内研究室が開発した防災教育アプリ「フィールドオン」を使って、5・6年生が総合的な学習に取り組みました。防災教育アプリ「フィールドオン」については廣内研究室のホームページ（https://gakusyu.shinshu-bousai.jp/）に、総合的な学習の成果（子どもたちが作成した学区内の防災マップなど）については信州大学教育学部 防災教育研究センターのホームページ（https://chiiki.shinshu-bousai.jp/）に詳しく紹介されていますので、そちらをご覧ください。

写真6-6　噴火していなくてもヘルメットを着用して下校する桜島の児童

写真6-7　フィールドオンを使って児童が作成した退避壕マップの例

② 御嶽山への学校登山における取組

2019年7月、長野県木曽町にある中学校の1・2年生が、登山学習で御嶽山（標高3,067m）の山頂を目指しました。同校の御嶽登山は、1948年から続く伝統行事で、1979年の噴火後も途絶えることなく続いてきました。2014年の噴火災害後は、山頂域への立入りが規制されたため、木曽駒ヶ岳に登っていましたが、5年ぶりに再開されました。

どんな山でも、登山に100％の安全はあり得ませんが、活動的な活火山であり、3,000mを超える高山でもある御嶽山に登るなら、どうしたら安全に行って帰ってこられるのかを、事前に十分考え、しっかりと準備をする必要があります。それにはまず、御嶽山はどんな山で、どのような危険があるのかを知ることから始めます。ただし、せっかく登るなら、御嶽山にはどんな魅力があるのか、言い換えれば登山学習の目的を明確にする必要もあります。そこで、同校では、御嶽登山に向けて次のような取組をしました。

まずは登山の2か月前、地元大学の研究者を招いて、御嶽山の生い立ちや高山で見られる動植物などとともに、万が一噴火に遭遇したなら、どんな行動をとったらよいのかを学びました。その一例を簡単に紹介します。

　登山の直前まで、噴火警戒レベル等の情報をチェックすることはもちろんですが、それでも突発的な水蒸気噴火に遭遇する可能性があります。2014年の噴火がそうだったように、このタイプの噴火で最も恐ろしいのは噴石です。噴石から身を守るには、噴火だと気が付いたら速やかに退避壕や山小屋に逃げ込むことが有効です。登山道と火口の位置関係だけでなく、どこに退避壕や山小屋があるのかを事前によく確認するとともに、登山の間も気に留めておきます。近くに逃げ込めそうな施設がなければ、なるべく大きな岩を探して、火口と反対側に身を隠し、ザックで頭や上半身を覆います。また、焦って転倒するかもしれませんし、小さな噴石でも当たったら大けがをする可能性があります。ヘルメットと救急セットが必携であることも学びました。

　次に2014年の噴火直後に研究者の山頂域調査に同行した経験を持つガイドさんを招いて、御嶽山の地形、装備や歩き方など登山の注意点について解説してもらいました。さらに、総合的な学習の時間を利用して、グループに分かれて「山の歴史」や「御嶽山の自然」について調べて模造紙にまとめて発表し合いました。

　登山当日は、事前学習でお世話になったガイドさんに同行してもらい、登山のサポートのみならず、噴石の恐ろしさや火山防災の大切さを、現地で解説してもらいました。また、登頂の達成感を仲間と共有するとともに、麓に暮らす人々が「お山」と親しみを込めて呼ぶ御嶽山の魅力を肌で感じる登山学習になりました。

写真6-8　御嶽山の退避壕

2014年の噴火後、山頂付近に設置された

第3編

防災教育と地域連携

第7章 防災教育と学校・地域間の連携

第1節 防災教育の実践

POINT
- 学区域の被災可能性を見て学ぶ防災教育により、自ら考え、行動できる力を育成する
- 地域の資源を防災教育に活用する
- 学校・家庭・地域が連携した防災教育を実施する

1 ICTを活用した通学路の防災マップづくり

① 災害時にも自ら考え行動できる能力を育成するために

これまで見てきたように、学校における防災対策では「防災管理」と「防災教育」の双方に取り組む必要があり、本書では主に「防災管理」について解説をしてきました。学校が災害に備えるうえでのポイントは、以下の3点にまとめられます。

①学校や学区域における被災可能性の把握
②災害時の時系列的な経過に応じた対策
③これに資する準備と訓練
　→そのうえで、児童生徒及び教職員が万一のときに自ら考え行動できる能力の育成が必要！（防災教育でカバー）

本書においてこれまで解説してきた「防災管理」の中でも、見落としがちであるのが登下校中の対応です。災害発生時間が授業時間や休み時間であれば、児童生徒は学校の中で教職員の管理下にいるため、教職員の指示に従って行動できます。一方、登下校中に発災した場合、教職員や保護者の目が行き届かないため、児童生徒は自らの判断で適切に対応できる力を身に付けることが不可欠です。こうした「万一のときに自ら考え行動できる能力の育成」については、防災教育が最も重点的に取り組むべき内容の一つだといえます。

しかし、いざ防災教育に取り組むとなると、現場では戸惑いの声が多いのも事実です。図表7-1は、令和元年東日本台風を受けて、2019年に長野市教育委員会と信州大学教育

学部が長野市立小中学校全79校（当時）を対象に実施したアンケート調査結果です。これによると、防災教育の実施に関する状況として、「地域を題材にした教材が不足している」と回答した学校が79校中46校もありました。また、「到達度がわからない」「防災教育を実施する人材がいない」「何を教えたらよいのかわからない」という意見も目立ちます。その他としては、「時間数の確保が難しい」といった意見がほとんどでした。このように、現場では地域に合った教材やカリキュラムの開発が求められています。そこで以下では、学区域における被災可能性について児童生徒が自ら学び、とるべき対応について考えるために開発した教材・学習プログラムとその取組を紹介します。

図表7-1　防災・減災教育の実施について該当する状況（複数回答可）

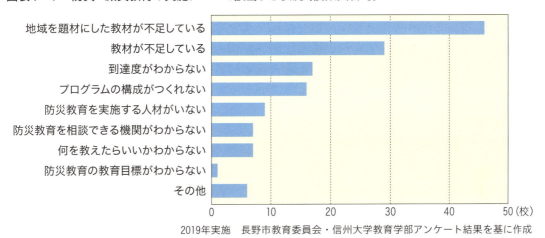

2019年実施　長野市教育委員会・信州大学教育学部アンケート結果を基に作成

❷ 登下校時の被災にどう対応するか──防災教育を通じた対策：ICTを活用した「子どもがつくる防災マップ」

　児童生徒が登下校時に被災した場合、どう対応すればよいのでしょうか。こうした問いに答えるためには、通学路の危険や安全に着目した防災マップづくりによる防災教育活動が極めて有効です。地震や水害、土砂災害などに際して通学路で何が起こり、どう危険なのかを実際に見て考えてもらうこと、さらに児童生徒だけでどう対応すべきか考えてもらうことが必要です。

　しかし、こうした実践をどのように進めればよいのか、忙しい学校現場で実際に取組をゼロから始めることはハードルが高いと考えられます。そこで信州大学教育学部では、NPO法人DoChubuと協力し、防災学習・地域学習を支援するタブレット用アプリ「フィールドオン」を開発しました。このシステムを用いて、これまでに長野県、愛知県、熊本県、鹿児島県の小中学校において防災の地域学習支援を試行的に行い、登下校時の災害リスクの把握及びとるべき行動について、児童生徒自らが発見し学ぶ機会を提供しています（廣内2020、内山2023）。

3 「フィールドオン」の活用──アプリの仕組みと授業の進め方

　ICTを活用した防災マップづくりのイメージを図表7-2に表しました。eコミマップは地図のデータベースであり、情報を地図上に集積して表示します。eコミマップと同期するアプリ「フィールドオン」をタブレットにインストールし、フィールド調査（通学路の点検）に出掛けます。児童生徒は、フィールド調査で危険と思った気付きに従って、「写真を撮る」「コメントを書く」のメニューを選択し、コメントを入れてアイコン（地震、水害、その他など）を選ぶと、地点情報がタブレットの地図上に記録される仕組みとなっています。フィールド調査から学校のWi-Fi環境に戻ると、タブレットに蓄積された情報は、自動的にクラウドサーバーに集積され、教室のパソコンなどでの共有が可能となります。児童生徒には、まだ記憶が鮮明なうちに、班ごとに見てきたものをモニターに映して、何がどう危険と思ったのかを発表してもらいます。各班が違った視点でフィールドを歩くため、自分とは異なる視点に気付き、2度目の調査内容を話し合うことができます。単元の最後には、登下校中に被災したらどうするべきかなど、この活動の意義やベストな対応を話し合ってまとめを行います（廣内2020）。

　実践によって蓄積された地図情報は、パスワード管理でインターネットを介して閲覧可能であるため、家庭や地域への情報発信として活用できます。また、複数年の成果を蓄積して利用できるばかりでなく、中学校が小学校での学習内容を確認することもできます。

図表7-2　ICTを活用した防災マップづくりのイメージ

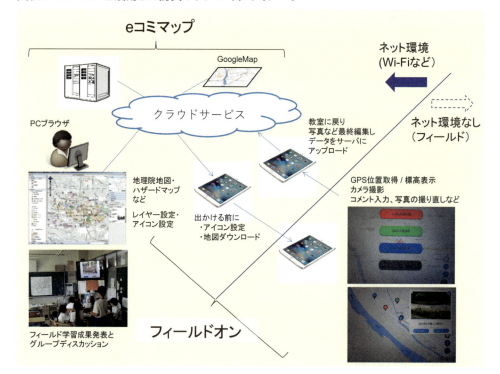

【防災教育実践例】
長野市立清野小学校5年生の事例

　実践では、長野市土砂災害ハザードマップを基に学区の土砂災害警戒区域を確認した後、地区ごとに分けてフィールドワークを行いました。フィールドワークでは、実際に学区を歩いて確認し、アプリ「フィールドオン」を利用してタブレット端末で現地の写真を撮影しました。その後、フィールド調査での発見を教室に戻って振り返り、学校内や地域に発信するために防災マップを作成しました。さらに、学習の成果についてオンラインで発表会を行い、市内の他の小学校とつないで意見を交換することもできました。

　タブレット上の防災マップと実際に行った場所で感じたことの違いに気付いていくことで、児童は今自分が住んでいる地域の土砂災害について、真剣に向き合うようになっていきました。現地に足を運んで学んだ土砂災害の学習が、家族を含めた地域の防災について考えるきっかけとなり、児童は「実際に逃げるとしたら」と自分事として考えるようになりました。

タブレット端末とアプリを使って
フィールド調査をする児童の様子

児童が作成した防災マップ
危険な場所や安全な場所について、地図上にコメント・写真とともに表示。

　その他、各学校の学習成果については、以下のホームページを参照ください。
（https://gakusyu.shinshu-bousai.jp/）

【参考文献】
・廣内大助（2020）『「子どもがつくる防災マップ」で登下校時の災害に備えよう』「教育指導時報852」p.8-11
・内山琴絵（2023）「中学校特別活動におけるICTを活用した防災教育の試行的実践―図書委員会・生徒会活動による防災マップ作りと発信―」信州大学教育学部研究論集第17号p.219-228

2 災害文化を生かす防災教育の実践例

❶ 学校・家庭・地域をつなぐ防災教育を活用する

　1では、防災教育の課題として「登下校中の災害対応」と「地域に合った教材やカリキュラムの開発」が求められている実態を明らかにしたうえで、防災管理と関連した防災教育の実践例を紹介しました。ICTを活用した通学路の防災マップづくりによって、児童生徒の登下校中の災害対応に取り組む事例です。こうした実践に関して、文部科学省は「自然災害に対する学校防災体制の強化及び実践的な防災教育の推進について（依頼）」（令和元年12月通知）の中で、以下のような提言を行っています。

　「(略) 防災教育の効果を高めるためには、危険予測の演習、視聴覚教材や資料の活用、地域や校内の安全マップづくり、学外の専門家による指導、避難訓練や応急手当のような実習など、様々な手法を適宜取り入れ、児童生徒等が安全上の課題について、自ら考え主体的な行動につながるような工夫が必要です。加えて、保護者参観日に防災の学習を行ったり、地域の避難訓練に児童生徒等が積極的に関わったりするなど、学校と家庭や地域が連携した防災教育を実施することも重要です。」（下線は筆者による）

　つまり、防災教育においては、防災マップ作成などを通して児童生徒が主体的に行動できるようになるとともに、「学校・家庭・地域が連携した防災教育の実施」についても重要視されています。学校の活動について家庭や地域の方に知っていただくことが、日頃からの学校・家庭・地域との関係づくり、災害時の連携にもつながります。
　とはいえ、いきなり授業に直接関わっていただくことは学校としてもハードルが高くなります。そこで、児童生徒の学習成果を発信する場をつくることで、学習のまとめとして保護者や地域の方に成果を伝えることができます。方法は、発表会や防災マップ・リーフレットの配布など様々あり、工夫次第で児童生徒の意欲も高まります。ここでは、「学校・家庭・地域が連携した防災教育」の実践例として、中学生による災害文化の学習と成果発表について紹介します。

❷ 災害文化とは

　わが国では自然災害が繰り返し襲う環境条件にありながらも、人々は災害対応を行いながら地域に住み続けてきました。特に水害についていえば、水神祭祀や水防組織の形成といったコミュニティによる対応、堤防など構造物の建設や住宅のかさ上げなど景観に現れるもの、実際の被害を伝える遺構など様々な形で地域の資源として遺されてきました。こ

れらは災害に対して人々が向き合ってきた営みそのものであり、一般に災害文化と呼ばれます。こうした先人たちによって培われてきた経験や身近な地域の災害文化を知ることで、地域がいかに災害に向き合ってきたのかを学び、児童生徒が災害のリスクを認識することができます。

【防災教育実践例】
長野県松川村立松川中学校の事例

● 概要

　平成26年度、中学校1年生の総合的な学習の時間を用いて、フィールドワーク、オリジナルハザードマップの作成、村民向けの発表会を実施しました。その成果を受け、次年度には1・2年生が「ハザードマップクラブ」を発足させ、村の災害史や災害文化について調査を行いました。地域で昭和30〜40年代に発生した水害について当時の体験者に聞き取りを行ったほか、水防の歴史や洪水の写真・資料を使った当時の被害の学習を行いました。最終的にその成果を電子地図化し、村民向けリーフレットとオリジナルハザードマップにまとめて全村民に配付しました。

松川村立松川中学校生徒によるハザードマップ

● 学習の内容と生徒の反応

　ある班では、学校のわずか100m先を流れる高瀬川で昭和44年8月に発生した水害について調査を行いました。この水害では約100mにわたって堤防

が決壊し、床上浸水約250戸、約100haの水田が流失、松川村でも約90人が細野公民館に避難したことについて当時の新聞記事から知ることができました。

さらに、当時被災し避難された地域の方からは、堤防決壊によって自宅は泥だらけになりほとんどの家財は流されてしまったこと、水につかった田畑から収穫は得られず、自然には人生を狂わす力があることなどについてお話を聴くことができました。生徒たちは普段見る川が水害時には全く異なる様子になることを知り、いざというときは避難とその準備が大切であることに気付きました。

その後、被災当時の写真や過去の地形図、航空写真などを調べることで、高瀬川の勾配はおよそ70mで1m下がるが、松川村付近ではそれよりも急勾配となるために水流が速く、流れが変わりやすいため、霞堤や聖牛などの対策がとられてきたこと、ダムの建設によって水害はある程度コントロールされるようになったが、巨大地震や豪雨によって決壊のリスクもあるため注意が必要であることなどを学ぶことができました。生徒たちは身近にある大きな石などが過去の水害の結果であり、そのことを知らずに生活していたことに驚くとともに、災害に備えるためには自然の様子をよく知ることが大切であると実感していました。

● **家庭・地域への情報発信**

学習成果についてハザードマップと発表会によって発信した生徒たちからは、「ハザードマップは子どもからお年寄りまで村民の方にわかりやすく編集できてよかった」「災害が起きたらどこへ逃げればよいか日々確認することを伝えたい」といった感想が得られました。家族や地域の方と災害情報についてしっかり共有しておくことが大切であることなどを学ぶことができました。

また、地域での防災意識も高まりました。こうしたハザードマップづくりをはじめとした防災学習の実績が評価され、松川中学校では平成26年に「長野県学校安全表彰」を、平成27年に「文部科学大臣表彰・学校保健及び学校安全全国表彰」を受賞しました。

学校の防災管理にとって、家庭や地域の方と連携した取組を行うには「きっかけ」づくりが必要です。ここで紹介した、地域の資源を活用した学校や学区域における被災可能性の把握・発信は、そのきっかけとなる可能性を有しています。

【参考文献】
松多信尚・廣内大助（2022）「防災教育の活用と地域学習」桑原敏典・清田哲男編『子どもが問いを生み出す時間―総合的な学習の時間の指導を考える―』日本文教出版：p.95-97.

第2節　地域との連携

> **POINT**
> - 学校は地域防災の主体の一つである
> - 学校の訓練を地域全体の訓練に位置付けるなど、平時から地域住民や地域組織に学校との関わりを持ってもらう
> - 平時からの地域との関係構築により、災害時の避難所運営等がスムーズに進む

1 地域防災における学校の役割

　災害が発生すると、学校は児童生徒の安全確保を最優先に行います。その後、初動対応から学校再開に至るまで、学校は児童生徒、保護者、地域住民、行政関係、支援団体、報道機関など、多くの相手と直接調整を行い、非常に多くの業務にあたらなければなりません。したがって、学校は地域防災において中心となる主体の一つだといえます。ただし、こうした対応は、全て学校の中だけで完結できるものではありません。学校が主体となりながらも、教育委員会や行政職員、地域組織、外部民間組織、近隣事業所等とのネットワークの中で課題を解決していきます。そのためにも、日頃から学校と地域が連携して関係性を築き、体制を整えておくことが重要です。

2 学校と地域との連携

① 令和元年東日本台風における長野市の事例から

　令和元年東日本台風を受けて、長野市教育委員会と信州大学教育学部は、長野市立小中学校全79校（2019年当時）を対象にアンケート調査を実施しました。その中で、学校行事や教育に関わる地域団体があったかどうかについて質問をした結果（図表7-3参照）、自治体については9割近くの学校で関わりがあったものの、消防団と関わりがある学校は半分以下の42%、自主防災組織との関わりがある学校はわずか31%でした。全体として、学校と地域住民などで構成される消防団や自主防災組織との関係構築に課題がある状況でした。

図表7-3　学校と地域団体との関わり

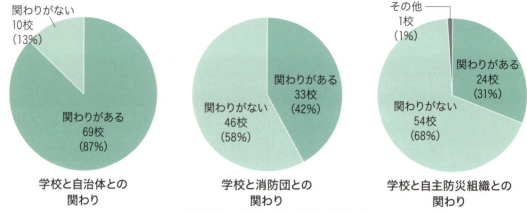

2019年実施　長野市教育委員会・信州大学教育学部のアンケート結果を基に作成

　そうした中で、水害で被災した学校の中には、地域との調整において問題が生じたところもありました。問題は、特に避難所開設の段階において多く見られ、避難所として指定されていなかったにもかかわらず、地域住民からの依頼で避難所開設を行った学校もあったほか、安否確認や物資提供に関する電話対応業務が増えて、学校業務に支障が出た学校もありました。学校では、通常業務に加えて、学校で発生する住民からのトラブル対応などにも教職員が臨機応変に対応せざるを得なかった状況であったことがわかりました（避難所でのトラブル等の詳細については第4章第1節図表4-4を参照）。これらを踏まえると、学校の避難訓練や地域での避難所開設訓練等を実施する際には、地域全体の避難訓練と位置付けて、学校・地域住民・行政の担当部局等が合同で取り組むと、実効性のある訓練となります。

　また、アンケートでは、災害後に休校していた学校に対して、学校を再開するにあたって調整を行った地域団体があったかどうかについても質問をしました。その結果、調整先はPTAが最も多く、次に自治会、自主防災組織となりました（図表7-4参照）。このことから、安全確保をしたうえでの学校再開についても保護者や地域との調整が必要であることがわかります。

図表7-4　学校再開にあたり調整を行った地域団体（複数回答可）

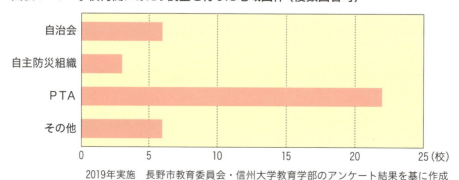

2019年実施　長野市教育委員会・信州大学教育学部のアンケート結果を基に作成

❷ 熊本地震における益城町の小学校の事例から

　益城町「平成28年熊本地震記憶の継承」検討・推進委員会　防災教育専門部会（2020）を基に、平成28年熊本地震で被災した益城町の小学校における避難所運営の事例を見ていきます。A小学校では、当初学校教職員と町職員が中心となって担っていた避難所運営を、避難者である地域住民中心に変更しました。兵庫県「震災・学校支援チーム（EARTH）」の支援のもと、本震から2日後に「避難所リーダー会」が設置され、学校、行政職員、避難者代表（区長）など様々な立場のリーダーが集まり、毎日8時と15時に打合せを行うことにしたのです。学校からは校長と教頭が参加し、これによって他の教職員は学校再開準備に着手することができました。この時、学校と避難者をつなぎ、避難者のまとめ役を担ったのが、地域住民（区長）でした。

　また、B小学校では、当初から教職員による避難所運営が行われることはなく、学校は学校再開に専念することができました。避難所運営が行政職員中心、そして避難者中心（自主運営）へと切り替わりながら行われたからです。この時、学校には約400人の避難者がいたにもかかわらず、避難所でのトラブルはほとんど発生しませんでした。その要因として、避難所が避難者による自主運営であったこと、コミュニティ・スクールとして普段から学校について理解している地域住民が多かったことが挙げられています。まさに、「地域の中の学校」として位置付けられていました。

　学校が避難所となるとき、学校は地域住民の生活の場にもなります。避難所となったC小学校では、学校再開が決まった後、避難者が行政職員の誘導で体育館へ移動したことで、トラブルが発生することはありませんでした。避難者である地域住民と行政職員が協力することで、学校は学校本来の役割である、児童生徒の安全な学習の場を確保することに専念できたのです。

　こうしたことを実現するためにも、学校と地域住民との交流、関係構築は非常に重要だといえます。そのためには、防災に関することのみならず、コミュニティ・スクールなど日頃からの活動の延長として様々なかたちで学校に関わってもらう機会をつくることが求められます。学校の防災管理は、地域防災にとっても非常に重要であることがわかります。

写真7-1　避難所となった学校でのルールに関する貼り紙

避難所では、様々な属性の多くの避難者が集団生活を行う。写真の貼り紙には、衛生面の注意や整理整頓などのルールを決めて明記している。これにより、学校と避難者とのトラブルを避けることにつながる。

出典：熊本災害デジタルアーカイブ／提供：宮城県大崎市

【参考文献】
・益城町「平成28年熊本地震記憶の継承」検討・推進委員会　防災教育専門部会（2020）『STORIES―平成28年熊本地震　学校・幼稚園・保育園からの教訓―』
・内山琴絵（2022）「令和元年東日本台風における学校の被災状況と対応―長野市立小中学校の状況―」信州大学教育学部研究論集第16号

特別支援学校での対策

　学校防災を進めることは、学校と地域との関係づくりのきっかけになります。子どもたちについて知ってもらうことが第一歩、そのために学校側から働きかけを行っていきます。一方、学校も子どもたちも支えられるだけの存在ではありません。助け合うために何ができるかを、地域と一緒に考えられるような関係性を目指しましょう。

POINT

- 子どもたちを知ってもらい、"思う人"を増やそう！
- 学校・教職員の援助要請力を高めよう！
- 行政との連携により要配慮者施設であることを認識してもらう
- 防災を家庭・地域と一緒に進めることが、連携につながる

　特別支援学校という場所は、何らかの関係があったり、関心がある人以外には、よく知られていないものです。知られていないだけでなく、様々な誤認がある場合も少なくありません。災害時に連携したい相手には、特別支援学校がどのような場所で、どんな子どもたちがいるのか、どのような日常を送っているのかを知ってもらうことが第一歩です。平時から「顔の見える」つながりをつくっておくことで、災害時に子どもたちを"思う人"を増やすことができます。

　他者に上手に支援を求める力を「援助要請力」や「受援力」といいます。防災学習を通じて障害のある子どもたちに特に身に付けてほしい力です。適切に支援を受けるためには、まず自分が何に困っているのか、どのような支援が必要かを知り、相手と良好な関係を築き、受け入れてもらいやすい方法で依頼することが近道です。また、相手を知ることで誰に何を頼むべきかが判断できるようになります。災害時に特別支援学校に課されるハードルを考えれば、学校だけで子どもたちを守ることはできません。ですから、まず教職員が援助要請力を高め、いざというときに頼れる資源を増やしていきましょう。

　一方で、特別支援学校は地域のインクルーシブな防災を進めていく役割を担うことができます。地域においても、災害時に支援が必要な人をどう支えるかは難題です。これまで述べてきた対策の中にも改善のヒントがあり、学校で取り組んだ成果を地域に還元することができます。

また、障害のある子どもたちは地域の中で「率先避難者」の役割を担います。第４章第２節で述べたように、二次避難が必要な場合は警戒レベル３「高齢者等避難」の段階で避難を開始します。そのためには、更に早い段階で引き渡しや避難準備を進める必要があります。日本では、隣人が避難をすることが、避難の判断に影響を及ぼすといわれています。学校が地域住民の「隣人」となれば、早い段階で対応を進める学校の動きは地域住民に対する「避難スイッチ」として働き、早い避難を促すことにつながるのです。

　地域住民と顔の見える関係を築き、地域と連携していこうという働きかけは、お互いに助け合う関係づくりにつながり、障害のある子どもたちが卒業後も暮らしやすい社会をつくることにつながります。防災は、そのための手段でもあるのです。

● 行政との連携

　市町村立以外の特別支援学校では、立地する市町村に認知してもらうことが第一歩です。特別支援学校の多くは都道府県が設置しており、避難所開設や地域防災の支援をはじめとした住民の個別支援は市町村が担っている、ということが思わぬ障壁になる場合があります。

　また、行政のどの部署と連携するか、という観点もポイントです。一般的に、特別支援学校と行政の福祉関係部局は、子どもたちの支援に関して日常的に連携をしています。一方、一般市民の防災については、危機管理部局や地域支援部局などが担っています。特別支援学校でも、福祉や教育に特化した支援だけがあればよいわけではありません。災害時に一般に提供される災害情報や避難所利用を切り離して考えることはできないでしょう。ですから、学校の災害対策を進める際には、市町村の防災部局と連携し、相談をしながら進めていくステップを必ず取り入れてください。また、福祉事業所などの要配慮者支援施設の災害対策には、たいてい福祉関係部局が関わっていますが、防災という文脈では特別支援学校が念頭に置かれていない場合もあります。様々な学外関係者との相談の機会に、防災について話題にしてみましょう。

　学校が立地する市町村や、その連携すべき部局に対しては、学校側からアクションを起こしていきましょう。学校の教員と行政の担当者は、それぞれ短い期間で異動がありますから、年に１回は相談や確認の機会がほしいところです。

表紙写真紹介

表紙

2011年（平成23年）3月　東日本大震災

←石巻市震災遺構大川小学校の写真をベースに加工
青い空と、生徒の後姿には、震災の教訓を生かして未来へ前進していこうという願いを込めている。

裏表紙

2019年（令和元年）10月　東日本台風

←浸水した跡が残る中学校の表札（長野市立豊野中学校）
千曲川の氾濫で学校が浸水。指差し部分まで浸水したことが、表札の色の違いで一目瞭然となっている。

↑浸水被害を受けた校舎
（長野市立長沼小学校）
千曲川の氾濫で最大で約1.5m浸水し、およそ3か月間、校舎が使えなくなった。

↑浸水した小学校のグラウンド
（長野市立松代小学校）
内水氾濫でグラウンドが浸水した。

出典："猪の満水"（令和元年東日本台風）災害デジタルアーカイブ

2014年（平成26年）11月 長野県神城断層地震

←アーカイブ看板を活用した防災学習の様子（白馬村立白馬北小学校）
白馬北小学校6年生の児童が、フィールドワークにて神城断層地震により地表に出現した断層について学んでいる様子。白馬村、小谷村の災害発生箇所等には、災害の様子などを紹介する看板が設置され、看板に記載されている二次元コードを読み取って災害時の様子を確認して、現状と比較することで、自身の防災対策を考えるきっかけとして活用されている。

出典：信州大学教育学部防災教育研究センター

↑図書室で倒壊した本棚
（白馬村立白馬南小学校）
地震により、テレビや書類棚の落下など学校施設で被害が発生した。休日夜間に発生した地震であったため、学校内で被災した児童や教職員はいなかった。

出典：2014年神城断層地震震災アーカイブ

表紙デザイン◇竹村美代子

編著者紹介

○編著者

廣内　大助（ひろうち　だいすけ）

　信州大学学術研究院教育学系教授。熊本大学客員教授、防災科学技術研究所客員研究員。信州大学教育学部防災教育研究センター長。名古屋大学大学院修了、博士（地理学）。愛知工業大学地域防災研究センターを経て、2007年10月より信州大学。専門は自然地理学、変動地形学。長野県学校防災アドバイザーとして、県内学校の防災管理、防災教育に携わる。著書に「論文から学ぶ地域調査」ナカニシヤ出版、「教えて！信州からの防災学」信濃毎日新聞社など。

佐々木　克敬（ささき　かつのり）

　東北工業大学修支援教授。筑波大学大学院修了。宮城県高等学校教諭（理科）として採用され、社会教育主事、指導主事の教育行政を歴任。東日本大震災を機に「宮城県防災系学科設置基本構想」の策定を行い、多賀城高等学校災害科学科の開設に携わり、同校の教頭、校長を務める。その後、仙台第三高等学校校長としてSSHを軸とした探究的学習のカリキュラム開発を行う。著書に『命を守る防災学習ノート』『学校安全ポケット必携』（東京法令出版）など。2023年4月から現職。

○著者

内山　琴絵（うちやま　ことえ）

　信州大学教育学部特任助教、防災科学技術研究所客員研究員、長野県学校防災アドバイザー。名古屋大学大学院環境学研究科博士後期課程単位取得満期退学。専門は人文地理学。災害アーカイブを通した災害伝承、防災活動支援に関わる。論文「災害に対する社会的脆弱性指標に関する研究動向と日本における導入の課題—Social Vulnerability Index（SoVI）を事例に—」（『人文地理』）など。

白神　晃子（しらが　あきこ）

　立正大学社会福祉学部准教授。早稲田大学大学院人間科学研究科博士後期課程満期退学。早稲田大学助手、信州大学研究員、宇都宮共和大学講師等を経て現職。社会福祉士。研究テーマは障害児者と家族の支援、障害当事者活動、障害児者の災害準備。長野県学校防災アドバイザーとして、県内特別支援学校の防災管理、防災教育に携わる。著書に『最新・はじめて学ぶ社会福祉　障害者福祉』（ミネルヴァ書房）など。

竹下　欣宏（たけした　よしひろ）

　信州大学学術研究院教育学系准教授。信州大学大学院修了。栃木県立博物館学芸嘱託員、戸隠地質化石博物館専門員、信州大学教育学部助教を経て現職。専門は第四紀地質学、地球の歴史の中で最も新しい時代（第四紀）の地層や岩石を対象として、大地の成り立ちを読み解く研究をしている。著書に『長野県の火山入門（2022）』（しなのき書房）など。

茅野　理恵（ちの　りえ）

　信州大学学術研究院教育学系准教授。筑波大学大学院修了。公立中学校教諭、龍ケ崎市教育センター教育相談員、長野県スクールカウンセラー、信州大学総合健康安全センター等を経て現職。専門は学校心理学で、行政機関と連携した不登校支援や若者の自殺予防活動に取り組んでいる。著書に『保健室・職員室からの学校安全　病気、けが、緊急事態と危機管理』（少年写真新聞社）など。

本間　喜子（ほんま　よしこ）

　信州大学学術研究・産学官連携推進機構　助教・URA。

今すぐできる学校の防災管理
――少しの工夫でこんなに改善！――

令和6年9月30日　初　版　発　行

編　著／廣　内　大　助
　　　　佐々木克敬
発行者／星　沢　卓　也
発行所／東京法令出版株式会社

112-0002	東京都文京区小石川5丁目17番3号	03(5803)3304
534-0024	大阪市都島区東野田町1丁目17番12号	06(6355)5226
062-0902	札幌市豊平区豊平2条5丁目1番27号	011(822)8811
980-0012	仙台市青葉区錦町1丁目1番10号	022(216)5871
460-0003	名古屋市中区錦1丁目6番34号	052(218)5552
730-0005	広島市中区西白島町11番9号	082(212)0888
810-0011	福岡市中央区高砂2丁目13番22号	092(533)1588
380-8688	長野市南千歳町1005番地	

〔営業〕TEL 026(224)5411　FAX 026(224)5419
〔編集〕TEL 026(224)5412　FAX 026(224)5439
https://www.tokyo-horei.co.jp/

© HIROUCHI Daisuke, SASAKI Katsunori, UCHIYAMA Kotoe, SHIRAGA Akiko, TAKESHITA Yoshihiro, CHINO Rie, HONMA Yoshiko Printed in Japan, 2024

　本書の全部又は一部の複写、複製及び磁気又は光記録媒体への入力等は、著作権法上での例外を除き禁じられています。これらの許諾については、当社までご照会ください。
　落丁本・乱丁本はお取替えいたします。

ISBN978-4-8090-6713-6